LE MOI ET LE ÇA

SIGMUND FREUD

Traduction par
S. JANKÉLÉVITCH

TABLE DES MATIÈRES

Avant-propos — 1

1. La conscience et l'inconscient — 3
2. Le moi et le ça (Es) — 12
3. Le moi, le sur-moi et l'idéal du moi. — 25
4. Les deux variétés d'instincts — 43
5. Les états de dépendance du moi — 56

AVANT-PROPOS

Dans cet essai, je me propose de poursuivre le développement des considérations que j'avais esquissées dans *Au-delà du principe du plaisir,* en observant à leur égard la même attitude de curiosité bienveillante qui m'avait guidée, ainsi que je l'ai dit, lorsque j'écrivais ce dernier essai. Je reprends donc les mêmes idées, en les attachant à divers faits fournis par l'observation psychanalytique ; et je cherche à tirer de cette association entre les idées et les faits de nouvelles conclusions, sans toutefois recourir à de nouveaux emprunts à la biologie. Il en résulte que je reste ici plus près de la psychanalyse que dans *Au-delà.* Aussi, cet essai porte-t-il plutôt le caractère d'une synthèse que celui d'une spéculation et semble se poser un but assez élevé. Je me rends cependant compte qu'il ne va pas au-delà de certaines constatations très rudimentaires et j'accepte à l'avance le reproche qu'on pourrait m'adresser sur ce point.

Il n'en reste pas moins que je touche ici à des questions qui n'ont pas encore fait l'objet d'une élaboration psychanalytique et que je suis obligé de m'occuper de certaines théories qui ont été formulées par des auteurs non-psychnalystes, ou par des psychanalystes ayant rompu avec la psychanalyse. Tout en étant disposé à toujours reconnaître ce que je dois à d'autres travailleurs, je dois cependant déclarer que, dans le cas particulier, je ne me sens redevable à personne de quoi que ce soit. S'il est des questions dont la psychanalyse ne s'est pas encore occupée, il faut en chercher la cause, non dans un parti-pris ou dans une attitude délibérément négative à l'égard de ces questions, mais dans le fait que le chemin qu'elle avait suivi jusqu'à présent ne l'avait pas encore mise en leur présence. Et aujourd'hui qu'elle est enfin arrivée à ce point, ces questions se présentent à elle sous un aspect qui diffère de celui sous lequel elles se présentent aux autres.

1

LA CONSCIENCE ET L'INCONSCIENT

Dans ce chapitre d'introduction, je n'ai rien de nouveau à dire et je ne puis guère éviter la répétition de ce que j'ai souvent eu l'occasion de dire précédemment.

La division du psychique en un psychique conscient et un psychique inconscient constitue la prémisse fondamentale de la psychanalyse, sans laquelle elle serait incapable de comprendre les processus pathologiques, aussi fréquents que graves, de la vie psychique et de les faire rentrer dans le cadre de la science. Encore une fois, en d'autres termes : la psychanalyse se refuse à considérer la conscience comme formant l'essence même de la vie psychique, mais voit dans la conscience une simple qualité de celle-ci, pouvant coexister avec d'autres qualités ou faire défaut.

Si je pouvais avoir l'illusion que tous ceux qui s'intéressent à la psychologie lisent cet essai, je m'attendrais certainement à ce que plus d'un lecteur, choqué par la place modeste que j'accorde à la conscience, me faussât compagnie dès cette première page et se refusât à poursuivre la lecture. Nous sommes ici, en effet, en présence du premier *Schibboleth* de la psychanalyse. La plupart des gens possédant une culture philosophique sont absolument incapables de comprendre qu'un fait psychique puisse n'être pas conscient, et ils repoussent cette idée comme absurde et en contradiction avec la saine et simple logique. Cela tient, à mon avis, à ce que ces gens n'ont jamais étudié les phénomènes de l'hypnose et du rêve qui, abstraction faite de ce qu'ils peuvent avoir de pathologique, nous imposent la manière de voir que je viens de formuler. En revanche, leur psychologie fondée sur l'omniprésence de la conscience, est incapable de résoudre les problèmes en rapport avec l'hypnose et le rêve.

« Être conscient » est avant tout une expression purement descriptive et se rapporte à la perception la plus immédiate et la plus certaine. Mais l'expérience nous montre qu'un élément psychique, une représentation par exemple, n'est jamais conscient d'une façon permanente. Ce qui caractérise plutôt les éléments psychiques, c'est la disparition rapide de leur état conscient. Une représentation, consciente à un moment donné, ne l'est plus au moment suivant, mais peut le redevenir dans certaines conditions, faciles à réaliser. Dans l'intervalle, nous ignorons ce qu'elle est; nous pouvons dire qu'elle est latente, entendant par là qu'elle est capable à tout instant de devenir consciente. En disant qu'une représentation est restée, dans l'intervalle, inconsciente, nous formulons encore une définition correcte, cet état inconscient coïncidant avec l'état latent et l'aptitude à revenir à la conscience. Les philosophes nous adresseraient ici l'objection suivante : le terme inconscient ne se laisse pas appliquer dans le cas particulier, car aussi longtemps qu'une représentation se trouve à l'état latent, elle ne représente rien de psychique. Nous nous garderons bien de répondre quoi que ce soit à cette objection, car cela nous entraînerait dans une polémique purement verbale, à laquelle nous n'avons rien à gagner.

Mais nous avons obtenu le terme ou la notion de l'inconscient en suivant une autre voie, et notamment en utilisant des expériences dans lesquelles intervient le dynamisme psychique. Nous avons appris ou, plutôt, nous avons été obligés d'admettre, qu'il existe d'intenses processus psychiques, ou représentations (nous tenons ici compte principalement du facteur quantitatif, c'est-à-dire économique), capables de se manifester par des effets semblables à ceux produits par d'autres représentations, voire par des effets qui, prenant à leur tour la forme de représentations, sont susceptibles de devenir conscients, sans que les processus eux-mêmes qui les ont produits le deviennent. Inutile de répéter ici en détail ce qui a été dit tant de fois. Qu'il nous suffise de rappeler que c'est en ce point qu'intervient la théorie psychanalytique, pour déclarer que si certaines représentations sont incapables de devenir conscientes, c'est à cause d'une certaine force qui s'y oppose ; que sans cette force elles pourraient bien devenir conscientes, ce qui nous permettrait de constater combien peu elles diffèrent d'autres éléments psychiques, officiellement reconnus comme tels. Ce qui rend cette théorie irréfutable, c'est qu'elle a trouvé dans la technique psychanalytique un moyen qui permet de vaincre la force d'opposition et d'amener à la conscience ces représentations inconscientes. À l'état dans lequel se trouvent ces représentations, avant qu'elles soient amenées à la conscience, nous avons donné le nom de *refoulement*; et quant à la force qui produit et maintient le refoulement, nous disons que nous la ressentons, pendant le travail analytique, sous la forme d'une *résistance*.

Notre notion de l'inconscient se trouve ainsi déduite de la théorie du refoulement. Ce qui est refoulé, est pour nous le prototype de l'inconscient. Nous savons cependant qu'il existe deux variétés d'inconscient : les faits psychiques latents, mais susceptibles de devenir conscients, et les faits psychiques refoulés qui, comme tels et livrés à eux-mêmes, sont incapables d'arriver à la conscience. Notre manière d'envisager le dynamisme psychique ne peut pas rester sans influence sur la terminologie et la description. Aussi disons-nous que les faits psychiques latents, c'est-à-dire inconscients au sens descriptif, mais non dynamique, du mot, sont des faits préconscients, et nous réservons le nom *d'inconscients* aux faits psychiques refoulés, c'est-à-dire dynamiquement inconscients. Nous sommes ainsi en possession de trois termes : conscient, préconscient et inconscient, dont la signification n'est plus purement descriptive. Nous admettons que le préconscient se rapproche davantage du conscient que l'inconscient et, comme nous n'avons pas hésité à attribuer à ce dernier un caractère psychique, nous hésiterons d'autant moins à reconnaître ce caractère au préconscient, c'est-à-dire à ce qui est latent. Mais pourquoi ne suivrions-nous pas l'exemple des philosophes qui tracent une ligne de démarcation entre le préconscient et l'inconscient, d'une part, le conscient, de l'autre, ce qui paraît d'ailleurs très logique? Si nous le faisions, ces philosophes nous inviteraient alors à considérer le préconscient et l'inconscient comme deux variétés ou degrés du *psychoïde*. L'unité, il est vrai, se trouverait ainsi rétablie, mais nous nous heurterions, dans l'exposé des faits, à des difficultés sans fin, et le seul fait important, à savoir que ces psychoïdes coïncident sur presque tous les points avec ce qui est généralement reconnu comme psychique, se trouverait refoulé à l'arrière-plan, au profit d'un préjugé qui date de l'époque où ces psychoïdes étaient encore inconnus, du moins dans ce qu'il ont d'essentiel.

Or nos trois termes : *conscient, préconscient, inconscient*, sont faciles à manier et nous donnent une grande liberté de mouvements, à la condition de ne pas oublier que si, au point de vue descriptif, il y a deux variétés d'inconscient, il n'y en a qu'une seule, au point de vue dynamique. Dans certains cas, nous pouvons faire un exposé en négligeant cette distinction, mais dans d'autres elle est indispensable. Quoi qu'il en soit, nous sommes suffisamment habitués à ce double sens de l'inconscient et nous n'en avons jamais éprouvé une grande gêne. Il me paraît, en tout cas, inévitable. En ce qui concerne, enfin, la distinction entre le conscient et l'inconscient, elle se réduit à une simple question de perception, question qui comporte la réponse oui ou non, l'acte de la perception lui-même ne nous fournissant pas la moindre information sur les raisons pour lesquelles une chose est perçue ou non. On aurait tort de se plaindre de ce que le dynamisme psychique se manifeste toujours sous un double aspect (conscient et inconscient) [1].

Mais les recherches psychanalytiques ultérieures ont montré que ces distinctions étaient, elles aussi, insuffisantes et insatisfaisantes. Parmi les situations dans lesquelles ce fait apparaît d'une façon particulièrement nette, nous citerons la suivante qui nous semble décisive. Nous nous représentons les processus psychiques d'une personne comme formant une organisation cohérente et nous disons que cette organisation cohérente constitue le *Moi* de la personne. C'est à ce *Moi*, prétendons-nous, que se rattache la conscience, c'est lui qui contrôle et surveille les accès vers la motilité, c'est-à-dire l'extériorisation des excitations. Nous voyons dans le *Moi* l'instance psychique qui exerce un contrôle sur tous ses processus partiels, qui s'endort la nuit et qui, tout en dormant, exerce un droit de censure sur les rêves. C'est encore de ce *Moi* que partiraient les refoulements, à la faveur desquels certaines tendances psychiques sont, non seulement éliminées de la conscience, mais mises dans l'impossibilité de se manifester ou de s'exprimer d'une façon quelconque. Au cours de l'analyse, ces tendances, éliminées par le refoulement, se dressent contre le *Moi*, et la tâche de l'analyse consiste à supprimer les résistances que le *Moi* nous oppose dans nos tentatives d'aborder les tendances refoulées. Or, on constate au cours de l'analyse que le malade se trouve fort embarrassé lorsqu'on lui impose certaines tâches, que ses associations se trouvent en défaut toutes les fois qu'elles se rapprochent de ce qui est refoulé. Nous lui disons alors qu'il subit l'influence d'une résistance, mais il n'en sait rien lui-même ; et alors même que les sentiments pénibles qu'il éprouve l'obligent à reconnaître qu'il est dominé par une résistance, il est incapable de dire en quoi elle consiste et d'où elle vient. Mais comme cette résistance émane certainement de son *Moi* et en fait partie, nous nous trouvons devant une situation que nous n'avions pas prévue. Nous avons trouvé dans le Moi lui-même quelque chose qui est aussi inconscient que les tendances refoulées et se comporte comme elles, c'est-à-dire produit des effets très marqués, sans devenir conscient, et ne peut être rendu tel qu'à la suite d'un travail spécial. De ce fait, nous nous heurtons, dans notre travail analytique, à d'innombrables difficultés et obscurités, lorsque nous voulons nous en tenir à nos définitions habituelles, en ramenant, par exemple, la névrose à un conflit entre le conscient et l'inconscient. A cette opposition nous devons, étant donné la manière dont nous concevons la structure psychique, en substituer une autre : l'opposition entre le *Moi* cohérent et les éléments détachés du *Moi* et refoulés.

Mais le fait que nous venons de signaler est encore plus gros de conséquences pour notre conception de l'inconscient. Le point de vue dynamique nous en avait fourni une première correction, le point de vue structural nous en fournit une autre. Nous sommes amenés à reconnaître que l'inconscient ne coïncide pas avec les éléments refoulés. Il reste vrai que tout ce qui est refoulé est inconscient, mais il y a des éléments qui sont inconscients sans être refoulés. Une partie du *Moi*, et Dieu sait quelle importante partie, peut également être inconsciente, et l'est certainement. Et cette partie inconsciente du *Moi* n'est pas latente, au même titre que le préconscient, car si elle l'était, elle ne pourrait pas être activée, sans devenir consciente, et on ne se heurterait pas à de si grosses difficultés toutes les fois qu'on voudrait la rendre consciente. Nous nous trouvons ainsi dans la nécessité d'admettre l'existence d'un troisième inconscient, non refoulé; mais nous avouons que, de ce fait même, le caractère de l'inconscient perd pour nous toute signification précise. L'inconscient devient une qualité aux significations multiples qui ne justifie pas que les généralisations et les déductions rigoureuses en vue desquelles nous l'utiliserions volontiers. Mais nous aurions tort de la négliger, car, à tout prendre, la propriété « conscient » ou « inconscient » constitue la seule lueur susceptible de nous guider à travers les ténèbres des profondeurs psychiques.

---

1. Voir à ce sujet *Bemerkungen über den Begrift des Unbewussten*, dans «Sammlung Kleiner Schriften zur Neurosenlehre », 4e Série. Il convient de signaler une nouvelle orientation dans la critique de l'inconscient. Certains auteurs qui, tout en consentant à reconnaître les faits psychanalytiques, se refusent à admettre l'inconscient, ont recours à cet argument irréfutable que la conscience elle-même, en tant que phénomène, présente de nombreux degrés d'intensité et de clarté. De même qu'il y a des processus dont nous avons une conscience vivre, frappante, autant dire concrète, il en est d'autres dont nous avons une conscience faible, à peine perceptible ; et, ajoutent ces auteurs, les processus dont nous avons la conscience la

plus faible sont précisément ceux auxquels la psychanalyse applique improprement la qualification d'inconscients, alors qu'en réalité ils seraient conscients quand même ou, tout au moins, demeureraient « dans la conscience », capables, si on leur prête une attention suffisante, de devenir pleinement et intensément conscients.

Pour autant que des arguments puissent jouer un rôle quelconque dans la solution d'une question qui, comme celle qui nous occupe, dépend étroitement de conventions ou de facteurs affectifs, nous dirons ceci : conclure du fait que la conscience présente une échelle de netteté et de clarté à l'in-existence de l'inconscient équivaut à affirmer la non-existence de l'obscurité, parce que la lumière présente toutes les grada-tions, depuis l'éclairage le plus cru jusqu'aux lueurs les plus atténuées, à peine perceptibles, ou à tirer des innombrables degrés de vitalité un argument en faveur de la non-existence de la mort. Ces raisonnements peuvent, jusqu'à un certain point, être ingénieux, mais ils sont dépourvus de toute valeur pratique, ce dont on ne tarde pas à se rendre compte dès qu'on veut en tirer certaines conséquences, dans le genre de celle-ci, par exemple : puisque l'obscurité n'existe pas, point n'est besoin d'allumer des lumières; puisque la mort n'existe pas, tous les organismes sont immortels. En outre, en rame-nant l'imperceptible à la conscience, on se prive de la seule certitude directe et immédiate que comporte la vie psychique. Une conscience dont on ne sait rien me paraît, en effet, une hypothèse beaucoup plus absurde que celle d'une vie psy-chique inconsciente. Enfin, ceux qui ont cherché à assimiler l'inconscient à l'imperceptible n'ont pas tenu compte des conditions dynamiques auxquelles la conception psychanaly-tique attribue, au contraire, une importance capitale. Les au-teurs en question négligent, en effet, deux faits : ils oublient, en premier lieu, combien il est difficile de prêter une attention suffisante à ce qui est imperceptible et quels efforts il faut dé-ployer à cet effet ;et ils ignorent, en deuxième lieu, qu'alors même que ces efforts sont couronnés de succès, la conscience ne reconnaît pas ce qui lui était resté jusqu'alors impercep-tible, qu'elle le repousse comme quelque chose d'étranger et de contraire. La tentative de réduire l'inconscient à l'imper-ceptible ou à ce qui est peu perceptible n'apparaît ainsi que comme une conséquence du préjugé qui postule l'identité du psychique et du conscient.

LE MOI ET LE ÇA (ES)

Les recherches pathologiques ont, d'une façon trop exclusive, orienté notre attention vers ce qui est refoulé. Nous voudrions connaître un peu mieux le *Moi*, depuis que nous savons qu'il peut, lui aussi, être inconscient, au sens propre du mot. Jusqu'à présent, nous avons eu pour seul point de repère, dans nos recherches, la qualité consciente ou inconsciente des éléments psychiques. Mais nous avons fini par nous rendre compte que c'était là une qualité aux significations multiples.

Or, tout notre savoir est toujours lié à la conscience. Nous ne pouvons connaître l'inconscient lui-même qu'en le rendant conscient. Mais, halte-là : comment cela est-il possible ? Que signifie : « rendre quelque chose conscient ? » Comment s'y prend-on pour obtenir ce résultat ?

Nous savons déjà à quel point de départ nous devons nous attacher pour répondre à ces questions. La conscience, avons-nous dit, forme la *surface* de l'appareil psychique ; autrement dit, nous voyons dans la conscience une fonction que nous attribuons à un système qui, au point de vue spatial, est le plus proche du monde extérieur. Cette proximité spatiale doit être entendue non seulement au sens fonctionnel, mais aussi au sens anatomique [1]. Aussi nos recherches doivent-elles, à leur tour, prendre pour point de départ cette surface qui correspond aux perceptions.

Sont conscientes en principe toutes les perceptions qui viennent de l'extérieur (perceptions sensibles) ; et sont également conscients ce que nous appelons sensations et sentiments qui viennent du dedans. Mais que dire de ces processus internes que nous réunissons sous le nom lâche et imprécis de « processus intellectuels » ? Devons-nous les concevoir comme des déplacements de l'énergie psychique qui, se produisant à l'intérieur de l'appareil psychique et empruntant les trajets qui mènent à l'action, parviennent à la surface où se forme la conscience ? Ou bien est-ce la conscience qui se dirige vers eux, pour s'y associer et s'y combiner ? Nous ferons remarquer qu'on se trouve ici en présence de l'une des difficultés auxquelles on se heurte lorsqu'on prend trop au sérieux la représentation spatiale, *topique* des faits psychiques. Les deux éventualités sont également difficiles à concevoir; il doit y en avoir une troisième.

J'avais déjà formulé ailleurs [2] l'opinion d'après laquelle la différence réelle entre une représentation inconsciente et une représentation préconsciente (idée) consisterait en ce que celle-là se rapporte à des matériaux qui restent inconnus, tandis que celle-ci (la préconsciente) serait associée à une représentation verbale. Première tentative de caractériser l'inconscient et le préconscient autrement que par leurs rapports avec la conscience. A la question : « Comment quelque chose devient-il conscient ? on peut substituer avec avantage celle-ci : « comment quelque chose devient-il préconscient ? » Réponse : grâce à l'association avec les représentations verbales correspondantes.

Ces représentations verbales sont des traces mnémiques : elles furent jadis des perceptions et peuvent, comme toutes les traces mnémiques, redevenir conscientes. Avant que nous abordions l'analyse de leur nature, une hypothèse s'impose à notre esprit : ne peut devenir conscient que ce qui a déjà existé à l'état de perception consciente ; et, en dehors des sentiments, tout ce qui, provenant du dedans, veut devenir conscient, doit chercher à se transformer en une perception extérieure, transformation qui n'est possible qu'à la faveur des traces mnémiques.

Ces traces mnémiques, nous les imaginons enfermées dans des systèmes, en contact immédiat avec le système perception-conscience, en sorte que leurs charges psychiques peuvent facilement se propager aux éléments de ce dernier. Et, à ce propos, on pense aussitôt aux hallucinations et au fait que le souvenir même le plus vif se laisse encore distinguer aussi bien de l'hallucination que de la perception extérieure, et on en a trouvé sans peine l'explication dans le fait que lors de la reviviscence d'un souvenir, la charge psychique ne quitte pas le système dont le souvenir fait partie, tandis que dans le cas d'une perception, la charge ne se propage pas seulement de la trace mnémique au système perception-conscience, mais s'y transporte tout entière.

Les traces verbales proviennent principalement des perceptions acoustiques, lesquelles représentent ainsi comme une réserve spéciale d'éléments sensibles à l'usage du préconscient. Quant aux éléments visuels des représentations verbales, on peut les négliger, comme étant de nature secondaire, acquis par la lecture ; et nous en dirons autant des images motrices des mots qui, sauf chez les sourds-muets, jouent un rôle de simples signes auxiliaires. À proprement parler, le mot prononcé n'est que la trace mnémique du mot entendu.

Loin de nous l'idée de rabaisser, par amour de la simplification, l'importance des restes mnémiques d'ordre optique ou de nier que des processus intellectuels ne puissent devenir conscients grâce au retour aux restes visuels. Nous convenons même que chez beaucoup de personnes c'est surtout à la faveur de la visualisation que la pensée devient consciente. Or, l'étude des rêves et des fantaisies préconscientes, d'après les observations de J. Varendonck, est de nature à nous donner une idée assez exacte de cette pensée visuelle, en nous montrant que ce sont surtout les matériaux concrets des idées qui, dans la pensée visuelle, deviennent conscients, tandis que les relations, qui caractérisent plus particulièrement les idées, ne se prêtent pas à une expression visuelle. Les images constituent donc un moyen très imparfait de rendre la pensée consciente, et l'on peut dire que la pensée visuelle se rapproche davantage des processus inconscients que la pensée verbale et est plus ancienne que celle-ci, tant au point de vue phylogénique qu'onto-génique.

Si, pour en revenir à notre sujet, telle est la voie qui conduit de l'inconscient au préconscient, la question : « Comment pouvons-nous amener à la (pré) conscience des éléments refoulés ? » reçoit la réponse suivante : « En rétablissant par le travail analytique ces membres intermédiaires précons-cients que sont les souvenirs verbaux ». C'est ainsi que la conscience reste à sa place, de même que l'in-conscient n'a pas besoin de quitter la sienne pour aller rejoindre la conscience.

Alors que les rapports existant entre la percep-tion extérieure et le Moi sont patents et évidents, ceux qui rattachent la perception interne au Moi exigent un examen spécial. A leur sujet, on est tenté de se demander si on est vraiment en droit de ratta-cher toute la conscience au seul système superficiel « perception-conscience ».

La perception interne fournit des sensations en rapport avec des processus se déroulant dans les couches les plus diverses, voire les plus profondes, de l'appareil psychique. Ces sensations sont peu connues, celles de plaisir et de déplaisir pouvant être considérées comme leur meilleur modèle. Elles sont plus primitives, plus élémentaires que celles provenant de l'extérieur et peuvent se produire même dans des états troubles de la conscience. J'ai insisté ailleurs sur leur grande importance écono-mique et sur les raisons métapsychologiques de celle-ci. Ces sensations sont multiloculaires comme les perceptions extérieures, elles peuvent venir simultanément des points les plus différents et posséder des qualités opposées.

Les sensations agréables n'ont en elles-mêmes aucun caractère de contrainte ou d'insistance, tandis que les sensations désagréables possèdent ce caractère au plus haut degré. Elles tendent à imposer des modifications, elles cherchent à se décharger par tous les moyens, et c'est pourquoi nous disons que le déplaisir est caractérisé par une augmentation, le plaisir par une diminution de la charge énergétique. Si ce qui est éprouvé comme déplaisir ou plaisir forme, dans la succession des faits psychiques, quelque chose qui, tant au point de vue quantitatif que qualitatif, diffère de ces sensations elles-mêmes, nous voudrions savoir si ce quelque chose peut devenir conscient sur place ou s'il doit, pour devenir conscient, parvenir au système C (conscience).

L'expérience clinique parle en faveur de cette dernière éventualité. Elle montre que ce « quelque chose » se comporte comme une velléité refoulée. Cette velléité peut chercher à se manifester en déployant des forces motrices, sans que le *Moi* s'aperçoive de la contrainte qu'il subit. Pour devenir consciente, sous la forme d'une sensation pénible ou désagréable, cette velléité doit, dans la contrainte qu'elle exerce, se heurter à une résistance, à des obstacles qui s'opposent à sa réaction de décharge. De même que les tensions produites par les besoins, la douleur, ce chaînon intermédiaire entre la perception interne et la perception externe, qui se comporte comme une perception interne, alors même qu'elle a sa source dans le monde extérieur, peut également rester inconsciente. Il est donc exact de dire que même des sentiments et des sensations, pour devenir conscients, doivent parvenir au système C. Si le chemin est barré, ils ne sont pas éprouvés en tant que sentiments et sensations, bien que le « quelque chose » qui leur correspond demeure invariable dans le déroulement de l'excitation. Par abréviation, et d'une façon qui n'est pas tout à fait correcte, nous parlons alors de sensations inconscientes et nous insistons sur leur analogie avec les représentations inconscientes, ce qui n'est pas tout à fait justifié. La différence entre les unes et les autres consiste notamment en ce que, pour amener à la conscience une représentation inconsciente, il faut créer un certain nombre d'anneaux, d'étapes intermédiaires, tandis que les sensations se propagent directement. Et d'autres termes : la distinction entre le conscient et le préconscient ne se pose pas pour les sensations : une sensation est ou consciente ou inconsciente, mais jamais préconsciente. Alors même qu'une sensation est associée à des représentations verbales, elle devient consciente, non grâce à ces représentations, mais directement.

Nous voilà tout à fait fixés sur le rôle des représentations verbales. Par leur intermédiaire, les processus intellectuels internes deviennent des perceptions. On dirait qu'elles ne sont là que pour servir de preuve à la proposition : toute connaissance provient de la perception externe. Lorsque la pensée est en état de surcharge, les idées sont réellement perçues comme venant du dehors et, pour cette raison, considérées comme vraies.

Après avoir ainsi élucidé les rapports existant

entre la perception externe, la perception interne et le système superficiel « perception-conscience », nous pouvons essayer de donner une forme plus achevée à notre représentation du *Moi*. Nous le voyons se former à partir du système P (perception), qui en constitue comme le noyau, et comprendre d'abord le préconscient qui s'appuie sur les traces mnémiques. Nous savons cependant que le Moi est également inconscient.

Je crois que nous aurions tout profit à suivre les suggestions d'un auteur qui, pour des motifs personnels, voudrait nous persuader, sans y réussir, qu'il n'a rien à voir avec la science rigoureuse et élevée. Cet auteur n'est autre que C. Groddeck, qui ne se lasse pas de répéter que ce que nous appelons notre *Moi* se comporte dans la vie d'une façon toute passive, que nous sommes, pour nous servir de son expression, vécus par des forces inconnues, échappant à notre maîtrise [3]. Nous avons tous éprouvé des impressions de ce genre, bien que nous n'en ayons pas toujours subi l'influence au point de devenir inaccessibles à toute autre impression, et nous n'hésitons pas à accorder à la manière de voir de Groddeck la place qui lui revient dans la science. Je propose d'en tenir compte en appelant *Moi* l'entité qui a son point de départ dans le système P et qui est, en premier lieu, préconscient, et en réservant la dénomination *Ça* (Es) à tous les autres éléments psychiques dans lesquels le moi se prolonge en se comportant d'une manière inconsciente [4].

Nous ne tarderons pas à voir dans quelle mesure cette conception peut nous être utile pour la description et la compréhension des faits qui nous intéressent. Un individu se compose ainsi pour nous d'un *Ça* psychique, inconnu et inconscient, auquel se superpose le *Moi* superficiel, émanant du système P comme d'un noyau. Pour donner de ces rapports une représentation pour ainsi dire graphique, nous dirons que le *Moi* ne recouvre le *Ça* que par sa surface formée par le système P, à peu près comme le disque germinal recouvre l'œuf. Il n'existe pas entre le *Moi* et le *Ça* de séparation tranchée, surtout dans la partie inférieure de celui-là, où ils tendent à se confondre.

Mais ce qui est refoulé se confond également avec le *Ça*, dont il n'est qu'une partie. C'est par l'intermédiaire du *Ça* que les éléments refoulés peuvent communiquer avec le *Moi* dont ils sont nettement séparés par les résistances qui s'opposent à leur apparition à la surface. Nous voyons aussitôt que presque toutes les distinctions que nous venons de décrire, en suivant les suggestions de la pathologie, ne se rapportent qu'aux couches superficielles, les seules que nous connaissions de l'appareil psychique.

La naissance du *Moi* et sa séparation du *Ça* dépendent encore d'un autre facteur que l'influence du système P. Le propre corps de l'individu et, avant tout, sa surface constituent une source d'où peuvent émaner à la fois des perceptions externes et des perceptions internes. Il est considéré comme un objet étranger, mais fournit au toucher deux variétés de sensations, dont l'une peut être assimilée à une perception interne. La psychophysiologie a d'ailleurs suffisamment montré comment notre propre corps se dégage du monde des perceptions. La douleur semble jouer, elle aussi, un rôle important dans ce processus et la manière dont, dans les maladies douloureuses, nous acquérons une nouvelle connaissance de nos organes est peut-être de nature à nous donner une idée de la manière dont nous nous élevons à la représentation de notre corps en général.

Il est facile de voir que le *Moi* est une partie du *Ça* ayant subi des modifications sous l'influence directe du monde extérieur, et par l'intermédiaire de la conscience-perception. Il représente, dans une certaine mesure, un prolongement de la différenciation superficielle. Il s'efforce aussi d'étendre sur le *Ça* et sur ses intentions l'influence du monde extérieur, de substituer le principe de la réalité au principe du plaisir qui seul affirme son pouvoir dans le *Ça*. La perception est au *Moi* ce que l'instinct ou l'impulsion instinctive sont au *Ça*. Le *Moi* représente ce qu'on appelle la raison et la sagesse, le *Ça*, au contraire, est dominé par les passions. Tout cela s'accorde avec les distinctions courantes et bien connues, mais ne doit être pris que d'une façon très générale et considéré comme étant d'une exactitude purement virtuelle.

L'importance fonctionnelle du *Moi* consiste en ce que, d'une façon normale, c'est lui qui contrôle les avenues de la motilité. Dans ses rapports avec le *Ça*, on peut le comparer au cavalier chargé de maîtriser a force supérieure du cheval, à la différence près que le cavalier domine le cheval par ses propres forces, tandis que le *Moi* le fait avec des forces d'emprunt. Cette comparaison peut être poussée un peu plus loin. De même qu'au cavalier, s'il ne veut pas se séparer du cheval, il ne reste souvent qu'à le conduire là où il veut aller, de même le Moi traduit généralement en action la volonté du *Ça* comme si elle était sa propre volonté.

Le Moi est avant tout une entité corporelle, non seulement une entité toute en surface, mais une entité correspondant à la projection d'une surface. Pour nous servir d'une analogie anatomique, nous le comparerions volontiers au « mannequin cérébral » des anatomistes, placé dans l'écorce cérébrale, la tète en bas, les pieds en haut, les yeux tournés en arrière et portant la zone du langage à gauche.

Les rapports entre le *Moi* et la conscience ont été souvent décrits, mais quelques faits importants méritent d'être signalés à nouveau. Habitués à introduire partout le point de vue de la valeur sociale ou morale, nous ne sommes pas surpris d'entendre dire que les passions inférieures ont pour arène l'inconscient, et nous sommes persuadés que les fonctions psychiques pénètrent dans la conscience d'autant plus facilement et sûrement que leur valeur sociale ou morale est plus grande. Mais l'expérience psychanalytique nous montre que cette manière de voir repose sur une erreur ou sur une illusion. Nous savons, en effet, d'une part, que même un travail intellectuel difficile et délicat et qui, dans des conditions ordinaires, exige une grande concentration de la pensée, peut s'accomplir dans le préconscient, sans parvenir à la conscience. Il s'agit là de cas dont la réalité est au-dessus de toute contestation, de cas qui se produisent, par exemple, dans l'état de sommeil et se manifestent par le fait qu'une personne retrouve au réveil la solution d'un problème difficile, mathématique ou autre, qu'elle avait cherchée en vain à l'état de veille [5].

Mais nous pouvons citer un autre fait, beaucoup plus étrange. Nous constatons au cours de nos analyses qu'il y a des personnes chez lesquelles l'attitude critique à l'égard de soi-même et les scrupules de conscience, c'est-à-dire des fonctions psychiques auxquelles s'attache certainement une valeur sociale et morale très grande, se présentent comme des manifestations inconscientes et, comme telles, se montrent d'une très grande efficacité ; le caractère inconscient de la résistance que les malades opposent au cours de l'analyse ne constitue donc pas la seule manifestation de ce genre. Mais ce fait nouveau, qui nous oblige, malgré l'affinement de notre sens critique, à parler d'un sentiment de culpabilité inconscient, est de nature à aggraver l'embarras que nous éprouvons déjà du fait de la résistance inconsciente et à nous mettre en présence de nouvelles énigmes, surtout lorsque nous en venons à nous assurer peu à peu que dans un grand nombre de névroses ce sentiment de culpabilité inconscient joue, au point de vue économique, un rôle décisif et oppose à la guérison les plus grands obstacles. Pour en revenir à notre échelle de valeurs, nous pouvons donc dire : ce n'est pas seulement ce qu'il y a de plus profond en nous qui peut être inconscient, mais aussi ce qu'il y a de plus élevé. Nous avons là comme une nouvelle démonstration de ce que nous avons dit plus haut an sujet du *Moi* conscient, à savoir qu'il ne représente que notre corps.

____

1. Voir *Au-delà du principe du plaisir*.
2. *Das Unbewusste,* « Internationale Zeitschr. f. Psychoanalyse », III, 1915 et « Sammlung Kleiner Schriften zur Neurosenlehre », 4e série, 1918.
3. G. Groddeck, Das *Buch vom Es,* Internat. psychanalyt. Verlag, 1923.
4. Groddeck lui-même s'est inspiré, à cet égard, de l'exemple de Nietzsche qui emploie cette expression grammaticale pour désigner ce qu'il y a d'impersonnel, de soumis aux nécessités naturelles dans notre être.
5. Un cas de ce genre m'a été communiqué récemment, et à titre d'objection contre ma description du « travail de rêve »

3

LE MOI, LE SUR-MOI ET L'IDÉAL DU MOI.

Si le *Moi* ne représentait que la partie du *Ça* ayant subi des modifications déterminées sous l'influence du système des perceptions, autrement dit s'il représentait seulement dans le domaine psychique le monde réel extérieur, nous nous trouverions en présence d'une situation très simple. Mais il y a quelque chose de plus.

Nous avons exposé ailleurs [1] les raisons qui nous avaient décidé à admettre une certaine phase du Moi. produit d'une différenciation s'étant accomplie au sein de celui-ci, phase à laquelle nous avons donné le nom d'*Idéal du Moi* ou de *Sur-Moi*. Ces raisons gardent aujourd'hui toute leur valeur [2]. Or, cette partie du Moi présente avec la conscience des rapports beaucoup moins étroits et fermes que celle dont nous nous sommes occupés dans le chapitre précédent, et c'est là un fait nouveau qui exige un éclaircissement.

Mais ici nous sommes obligés de faire une digression. Nous avons réussi à expliquer la souffrance douloureuse qui existe dans la mélancolie [3], en supposant que le *Moi* retrouve subitement en lui-même l'objet sexuel, auquel, pour une raison quelconque, le *Ça* avait été obligé de renoncer ; autrement dit, que l'énergie érotique qui s'était concentrée sur l'objet se résout et se dissipe. Mais à l'époque où nous proposions cette explication, nous ne nous rendions pas encore compte de toute la signification de ce processus et nous ignorions encore combien il était typique et fréquent. Mais nous avons compris, depuis, que cette substitution joue un rôle de premier ordre dans la formation du Moi et contribue essentiellement à déterminer ce qu'on appelle son caractère.

A l'origine, dans la phase orale, primitive, de l'individu, la concentration sur un objet et l'identification sont des démarches difficiles à distinguer l'une de l'autre. A des phases ultérieures, on peut seulement supposer que la concentration sur l'objet a pour point de départ le *Ça* pour lequel les tendances érotiques constituent des besoins. Le *Moi*, encore faible au début, n'a généralement aucune connaissance de ces concentrations sur des objets, les subit sans s'en rendre compte ou cherche à se défendre contre elles à l'aide du refoulement [4].

Si, pour une raison ou pour une autre, le *Ça* est obligé de renoncer à un pareil objet sexuel, le *Moi* en subit souvent une transformation que nous ne pouvons décrire autrement qu'en disant que le *Moi* a retrouvé en lui-même l'objet sexuel perdu, sans pouvoir donner plus de détails sur les conditions dans lesquelles s'opère cette substitution. C'est précisément ce qui se produirait dans la mélancolie. Il se peut que par cette introjection, qui représente une sorte de régression vers le mécanisme de la phase orale, le *Moi* rende plus facile ou possible le renoncement à l'objet. Il se peut également que cette identification soit la condition sans laquelle le *Ça* ne saurait renoncer à ses objets. Quoi qu'il en soit, il s'agit là d'un processus très fréquent, surtout à des phases de développement peu avancées, et de nature à rendre plausible l'hypothèse d'après laquelle le caractère du *Moi* résulterait de ces abandons successifs d'objets sexuels, résumerait l'histoire de ces choix d'objets. Il va sans dire que tous les individus ne subissent pas avec la même facilité les influences de cette histoire, de cette succession d'objets érotiques ; qu'on constate sous ce rapport des résistances dont la force varie d'un individu à l'autre. C'est ainsi que dans les traits de caractère des femmes dont la vie est riche en expériences amoureuses, on croit discerner facilement les traces de ces expériences successives. Dans certains cas, on observe une coexistence de la concentration sur un objet et de l'identification, c'est-à-dire un changement de caractère qui se produit avant le renoncement à l'objet. Dans les cas de ce genre, le changement de caractère survivant aux relations avec l'objet, servirait dans une certaine mesure à les conserver.

Nous plaçant à un autre point de vue, nous pouvons dire que cette substitution d'un changement du *Moi* au choix d'un objet érotique constitue un moyen dont se sert le *Moi* pour gagner les faveurs du *Ça* et approfondir ses rapports avec lui, en faisant preuve d'une extraordinaire souplesse, d'une grande susceptibilité à tout ce qui se passe dans le Ça. Lorsque le *Moi* revêt les traits de l'objet, il semble chercher à s'imposer à l'amour du *Ça*, à le consoler de sa perte ; c'est comme s'il lui disait : « Regarde, tu peux m'aimer : je ressemble tellement à l'objet ».

La transformation, à laquelle nous assistons ici, de l'attitude libidineuse à l'égard de l'objet en une libido narcissique, implique évidemment le renoncement aux buts purement sexuels, une désexualisation, donc une sorte de sublimation. A ce propos, il est même permis de se poser une question qui mérite une discussion détaillée, celle de savoir si nous ne nous trouvons pas ici en présence du moyen de sublimation le plus général, si toute sublimation ne s'effectue pas par l'intermédiaire du *Moi* transformant la libido sexuelle dirigée vers l'objet en une libido narcissique et posant à celle-ci des buts différents [5]. Quant à la question de savoir si cette transformation ne peut avoir encore d'autres conséquences pour le sort ultérieur des instincts, et notamment une dissociation de différents instincts fondus ensemble, nous aurons encore à nous en occuper plus tard.

En attendant, nous sommes obligés de faire une diversion, mais une diversion inévitable, en nous attardant pendant quelque temps aux identifications du *Moi* avec des objets sexuels. Lorsque ces identifications deviennent trop nombreuses, trop intenses, incompatibles les unes avec les autres, on se trouve en présence d'une situation pathologique ou du prélude à une pareille situation. Il peut notamment en résulter une dissociation du *Moi* dont les différentes identifications réussissent à s'isoler les unes des autres, en s'opposant de résistances ; et c'est peut-être dans ce fait qu'il faut chercher l'explication des cas mystérieux, dits de *multiple personnalité*, dans lesquels les différentes identifications cherchent tour à tour à accaparer à leur profit toute la conscience. Mais alors même que les choses ne vont pas aussi loin, on n'en assiste pas moins à des conflits entre les différentes identifications, conflits qui ne sont pas toujours et nécessairement pathologiques.

Quelle que soit la résistance que le caractère sera à même d'opposer plus tard aux influences des objets sexuels abandonnés, les effets des premières identifications, effectuées aux phases les plus précoces de la vie, garderont toujours leur caractère général et durable. Ceci nous ramène à la naissance de l'idéal du Moi, car derrière cet idéal se dissimule la première et la plus importante identification qui ait été effectuée par l'individu : celle avec le père de sa préhistoire personnelle [6]. Cette identification ne semble pas être la suite ou l'aboutissement de la concentration sur un objet : elle est directe, immédiate, antérieure à toute concentration sur un objet quelconque. Mais les convoitises libidinales qui font partie de la première période sexuelle et se portent sur le père et sur la mère semblent, dans les cas normaux, se résoudre en une identification secondaire et médiate qui viendrait renforcer l'identification primaire et directe.

Ces rapports présentent cependant une complexité telle qu'il est indispensable de les décrire avec plus de détails. La complexité en question est le fait de deux facteurs : de la disposition triangulaire du Complexe d'Oedipe et de la bisexualité constitutionnelle de l'individu.

En ce qui concerne l'enfant de sexe mâle, le cas, réduit à sa plus simple expression, se présente ainsi ; de bonne heure, l'enfant concentre sa libido sur sa mère, et cette concentration a pour point de départ le sein maternel et représente un cas typique de choix d'objet par contact intime ; quant au père, l'enfant s'assure une emprise sur lui à la faveur de l'identification. Ces deux attitudes coexistent pendant quelque temps, jusqu'à ce que les désirs sexuels à l'égard de la mère ayant subi un renforcement et l'enfant s'étant aperçu que le père constitue un obstacle à la réalisation de ces désirs, on voie naître le *Complexe d'Oedipe* [7]. L'identification avec le père devient alors un caractère d'hostilité, engendre le désir d'éliminer le père et de le remplacer auprès de la mère. A partir de ce moment, l'attitude à l'égard du père devient ambivalente; on dirait que l'ambivalence, qui était dès l'origine impliquée dans l'identification, devient manifeste. Cet ambivalence à l'égard du père et le penchant tout de tendresse qu'il éprouve pour l'objet libidinal que représente pour lui la mère forment pour le petit garçon les éléments du *Complexe d'Oedipe* simple et positif.

Lors de la destruction du *Complexe d'Oedipe*, l'enfant est obligé de renoncer à prendre la mère pour objet libidinal. Deux éventualités peuvent alors se produire : ou une identification avec la mère, ou un renforcement de l'identification avec le père. C'est cette dernière éventualité que nous considérons généralement comme normale ; elle permet à l'enfant de conserver, jusqu'à un certain degré, l'attitude de tendresse à l'égard de la mère. A la suite de la disparition du *Complexe d'Oedipe*, la partie masculine du caractère du petit garçon se trouverait ainsi consolidée. De même, la petite fille peut être amenée, à la suite de la destruction du *Complexe d'Oedipe*, à s'identifier avec la mère (et si cette identification existait déjà, elle subit un renforcement), ce qui a pour effet l'affermissement de la partie féminine de son caractère.

Ces identifications ne répondent pas du tout à notre attente, parce qu'elles ne consistent pas dans l'absorption par le *Moi* de l'objet auquel on a renoncé ; mais cette variété d'identification s'observe également, plus souvent, il est vrai, chez les petites filles que chez les petits garçons. On apprend souvent, au cours d'une analyse, que la petite fille, après avoir été obligée de renoncer au père, en tant qu'objet de penchant amoureux, érige sa masculinité en idéal et s'identifie, non avec la mère, mais avec le père, c'est-à-dire avec l'objet qui est perdu pour son amour. Cela dépend évidemment du degré de développement de ses propres dispositions masculines, quelle que soit d'ailleurs leur nature.

Il semble donc que l'identification avec le père ou avec la mère, à la suite de la destruction du *Complexe d'Oedipe*, dépende, dans les deux sexes, de la force relative des dispositions sexuelles chez l'un et chez l'autre. Tel est le premier aspect sous lequel la bisexualité se manifeste et intervient dans les destinées du *Complexe d'Oedipe*. Mais elle se manifeste encore sous un autre aspect, beaucoup plus significatif. On a notamment l'impression que le *Complexe d'Oedipe* simple n'est pas celui qui s'observe le plus fréquemment, mais qu'il correspond à une simplification et schématisation voulue qui, dans beaucoup de cas, trouve d'ailleurs sa justification dans des raisons d'ordre pratique. Une recherche plus approfondie permet le plus souvent de découvrir le *Complexe d'Oedipe sous* une forme plus complète, sous une forme double, à la fois positive et négative, en rapport avec la bisexualité originelle de l'enfant : nous voulons dire par là que le petit garçon n'observe pas seulement une attitude ambivalente à l'égard du père et une attitude de tendresse libidinale à l'égard de la mère, mais qu'il se comporte en même temps comme une petite fille, en observant une attitude toute de tendresse féminine à l'égard du père et une attitude correspondante d'hostilité jalouse à l'égard de la mère. Cette intervention de la bisexualité est de nature à rendre difficile la tâche qui consiste à établir avec précision les rapports existant entre les premiers choix d'objets et les premières identifications, et elle rend encore plus difficile la description concrète et claire de ces rapports. Il se peut que l'ambivalence constatée dans les rapports avec les parents s'explique, d'une façon générale, par la bisexualité, au lieu de provenir, ainsi que je l'avais supposé précédemment, de l'identification à la suite d'une attitude de rivalité.

Je crois qu'on ferait bien, d'une façon générale et surtout en ce qui concerne les névrotiques, d'admettre l'existence du *Complexe d'Oedipe* complet. L'expérience analytique montre alors que dans un grand nombre de cas l'un ou l'autre des éléments constitutifs de ce complexe disparaît, en ne laissant que des traces à peine perceptibles, de sorte qu'on obtient une série dont l'un des bouts présente le *Complexe d'Oedipe* normal et positif, l'autre le complexe inverse, négatif, tandis que les chaînons intermédiaires représentent la forme complète, avec participation inégale des deux éléments constitutifs. Lors de la destruction du *Complexe d'Oedipe*, les quatre tendances qui en forment le contenu s'associeront pour donner naissance à une identification avec le père et à une identification avec la mère: la première sera associée à son tour avec le penchant libidinal du complexe positif, c'est-à-dire avec le penchant ayant pour objet la mère; et elle servira en même temps à remplacer le penchant libidinal pour le père qui fait partie du complexe inverse. Une situation analogue, *mutatis mutandis*, s'établira à la suite de l'identification avec la mère. Les différences d'intensité que présenteront ces deux identifications reflèteront l'inégalité des deux variétés de dispositions sexuelles.

C'est ainsi que la modification la plus générale que la phase sexuelle, dominée par le Complexe d'Oedipe, imprime au Moi consiste essentiellement en ce qu'elle y laisse subsister ces deux identifications, rattachées l'une à l'autre par des liens dont nous ne savons rien de précis. Cette modification du Moi assume une place à part et un rôle particulier et s'oppose à l'autre contenu du Moi, en tant que Moi idéal ou Sur-Moi.

Ce *Sur-Moi* n'est cependant pas un simple résidu des premiers choix d'objets par le *Ça* ; il a également la signification d'une formation destinée à réagir énergiquement contre ces choix. Ses rapports avec le *Moi* ne se bornent pas à lui adresser le conseil : « sois ainsi » (comme ton père), mais ils impliquent aussi l'interdiction « ne sois pas ainsi » (comme ton père) ; autrement dit : ne fais pas tout ce qu'il fait ; beaucoup de choses lui sont réservées, à lui seul ». Ce double aspect du *Moi* idéal découle du fait qu'il a mis tout ses efforts à refouler *le Complexe d'Oedipe* et qu'il n'est né qu'à la suite de ce refoulement. Il est évident que refouler le *Complexe d'Oedipe* ne devait pas être une tâche très facile. S'étant rendu compte que les parents, surtout le père, constituaient un obstacle à la réalisation des désirs en rapport avec le *Complexe d'Oedipe,* le *Moi* infantile, pour se faciliter cet effort de refoulement, pour augmenter ses ressources et son pouvoir d'action en vue de cet effort, dressa en lui-même l'obstacle en question. C'est au père que, dans une certaine mesure, il emprunta la force nécessaire à cet effet, et cet emprunt constitue un acte lourd de conséquences. Le *Sur-Moi* s'efforcera de reproduire et de conserver le caractère du père, et plus le *Complexe d'Oedipe* sera fort, plus vite (sous l'influence de l'enseignement religieux, de l'autorité, de l'instruction, des lectures) s'en effectuera le refoulement, plus forte sera aussi la rigueur avec laquelle le *Sur-Moi* régnera sur *le Moi,* en tant qu'incarnation des scrupules de conscience, peut-être aussi d'un sentiment de culpabilité inconscient. Nous essaierons de formuler plus loin quelques conjectures concernant la source à laquelle le *Sur-Moi* puise et la force qui lui permet d'exercer cette domination et le caractère de contrainte qui se manifeste sous la forme d'un impératif catégorique.

En réfléchissant à ce que nous avons dit relativement au mode d'apparition du *Sur-Moi,* nous constations qu'il constitue la résultante de deux facteurs biologiques excessivement importants : de l'état d'impuissance et de dépendance infantile que l'homme subit pendant un temps assez long, et de son *Complexe d'Oedipe* que nous avons rattaché à l'interruption que le développement de la libido subit du fait de la période de latence, c'est-à-dire aux doubles dispositions de sa vie sexuelle. En ce qui concerne cette dernière particularité qui est, paraît-il, spécifiquement humaine, une hypothèse psychanalytique la représente comme un reste héréditaire de l'évolution vers la culture qui s'était déclenchée sous la poussée des conditions de vie inhérentes à la période glaciaire. C'est ainsi que la séparation qui s'opère entre le *Sur-Moi* et le *Moi,* loin de représenter un fait accidentel, constitue l'aboutissement naturel du développement de l'individu et de l'espèce, développement dont elle résume pour ainsi dire les caractéristiques les plus importantes ; et même, tout en apparaissant comme une expression durable de l'influence exercée par les parents, elle perpétue l'existence des facteurs auxquels elle doit sa naissance.

A d'innombrables reprises, on a reproché à la psychanalyse de ne pas s'intéresser à ce qu'il y a d'élevé, de moral, de supra-personnel dans l'homme. Ce reproche était doublement injustifié : injustifié au point de vue historique, injustifié au point de vue méthodologique. Au point de vue historique, parce que le psychanalyse a attribué dès le début aux tendances morales et esthétiques un rôle important dans les efforts de refoulement; au point de vue méthodologique, parce que les auteurs de ce reproche ne voulaient pas comprendre que la recherche psychanalytique n'avait rien de commun avec un système philosophique, en possession d'une doctrine complète et achevée, mais qu'elle était obligée de procéder progressivement à la compréhension des complications psychiques, à la faveur d'une décomposition analytique des phénomènes tant normaux qu'anormaux. Tant que nous avions à nous occuper de l'étude des éléments refoulés de la vie psychique, nous ne pouvions guère partager le souci angoissant de ceux qui voulaient à tout prix assurer l'intégrité de ce qu'il a de sublimé et d'élevé dans l'âme humaine. Mais à présent que nous avons abordé l'analyse du *Moi*, nous pouvons répondre à tous ceux qui, ébranlés dans leur conscience morale, nous objectaient qu'il devait bien y avoir dans l'homme une essence supérieure : certes, et cette essence supérieure n'est autre que le Moi idéal, le Sur-Moi, dans lequel se résument nos rapports avec les parents. Petits enfants, nous avons connu ces êtres supérieurs qu'étaient pour nous nos parents, nous les avons admirés, craints et, plus tard, assimilés, intégrés à nous-mêmes.

Le *Moi* idéal représente ainsi l'héritage du Complexe *d'Oedipe* et, par conséquent, l'expression des tendances les plus puissantes, des destinées libidinales les plus importantes, du *Ça*. Par son intermédiaire, le *Moi* s'est rendu maître du *Complexe d'Oedipe* et s'est soumis en même temps au *Ça*. Alors que le *Moi* représente essentiellement le monde extérieur, la réalité, le *Sur-Moi* s'oppose à lui, en tant que chargé des pouvoirs du monde intérieur, du *Ça*. Et nous devons nous attendre à ce que les conflits entre le *Moi* et l'idéal reflètent, en dernière analyse, l'opposition qui existe entre le monde extérieur et le monde psychique.

Ce que la biologie et les destinées de l'espèce humaine ont déposé dans le *Ça*, est repris, par l'intermédiaire de la formation idéale, par le *Moi* et revécu par lui à titre individuel. Étant donné son histoire, son mode de formation, le *Moi* idéal présente les rapports les plus intimes et les plus étroits avec l'acquisition phylogénique, avec l'héritage archaïque de l'individu. Ce qui fait partie des couches les plus profondes de la vie psychique individuelle devient, grâce à la formation du *Moi* idéal, ce qu'il y a de plus élevé dans l'âme humaine, à l'échelle de nos valeurs courantes. Mais on tenterait en vain de localiser le Moi idéal de la même manière dont on localise le *Moi* tout court ou de le plier à l'une des comparaisons par lesquelles nous avons essayé d'illustrer les rapports entre le *Moi* et le *Ça*.

Il est facile de montrer que le *Moi* idéal satisfait à toutes les conditions auxquelles doit satisfaire l'essence supérieure de l'homme. En tant que formation substitutive de la passion pour le père, il contient le germe d'où sont nées toutes les religions. En mesurant la distance qui sépare son *Moi* du *Moi* idéal, l'homme éprouve ce sentiment d'humilité religieuse qui fait partie intégrante de toute foi ardente et passionnée. Au cours du développement ultérieur, le rôle du père avait été assumé par des maîtres et des autorités dont les commandements et prohibitions ont gardé toute leur force dans le *Moi* idéal et exercent, sous la forme de scrupules de conscience, la censure morale. La distance qui existe entre les exigences de la conscience morale et les manifestations du *Moi* fait naître le sentiment de culpabilité. Les sentiments sociaux reposent sur des identifications avec d'autres membres de la collectivité ayant le même *Moi* idéal.

La religion, la morale, le sentiment social, ces trois éléments fondamentaux de l'essence la plus élevée de l'homme [8], ne formaient au début qu'un tout indivisible. D'après l'hypothèse que nous avons formulée dans *Totem et Tabou*, ces trois éléments ont été acquis, au cours de l'évolution phylogénique, à la faveur du complexe paternel : la religion et les restrictions morales, à la suite de la victoire remportée sur le *Complexe d'Oedipe;* les sentiments sociaux, en présence de la nécessité de surmonter les restes de la rivalité qui existait entre les membres de la jeune génération. Dans toutes ces acquisitions morales, ce sont, semble-t-il, les hommes qui ont frayé la voie, et c'est à la suite d'une hérédité croisée qu'elles seraient devenues également le patrimoine des femmes. De nos jours encore, les sentiments sociaux représentent une super-structure qui s'élève au-dessus des penchants de rivalité jalouse à l'égard des frères et sœurs. L'hostilité ne pouvant pas être satisfaite, il se produit à sa place une identification avec celui qui était primitivement un rival. Des observations faites sur des homosexuels atténués confirment la manière de voir d'après laquelle cette identification servirait, elle aussi, de substitution à une attitude de tendresse à l'égard d'un objet, attitude qui a mis fin à des rapports d'hostilité agressive [9].

En abordant le domaine de la phylogénie, on voit surgir de nouveaux problèmes dont on voudrait bien éluder les tentatives de solution. Mais rien n'y fait, il faut oser ces tentatives, alors même qu'on a lieu de craindre qu'elles ne mettent au jour toute la vanité de nos efforts. La première question qui s'impose à notre attention est celle-ci : est-ce le *Moi* du primitif ou son *Ça* qui, à la faveur du complexe paternel, a le premier acquis ce que nous appelons religion et moralité ? Si c'est le *Moi*, pourquoi ne parlons-nous pas tout simplement d'acquisitions héréditaires du *Moi* ? Si c'est le *Ça*, comment ces acquisitions s'accordent-elles avec son caractère ? Ou bien, aurions-nous tort de situer à des époques aussi reculées la différenciation entre le *Moi*, le *Sur-Moi* et le *Ça* ? Ou, encore, devons-nous convenir loyalement que toute notre manière de concevoir les processus du *Moi* ne nous aide en rien à comprendre la phylogénie et ne s'applique pas à celle-ci?

Répondons d'abord aux questions qui comportent les réponses les plus faciles. En ce qui concerne la différenciation entre le *Moi* et le *Ça*, nous devons l'attribuer non seulement à l'homme primitif, mais aussi à des êtres vivants beaucoup plus simples, car elle est l'expression nécessaire de l'influence du monde extérieur. Pour ce qui est du *Sur-Moi* nous l'avons rattaché aux expériences psychiques qui ont donné naissance au totémisme. Aussi la question de savoir si c'est le *Moi* ou le *Ça* qui a fait ces expériences et acquisitions perd-elle toute signification. En y réfléchissant de plus près, nous constatons que tout ce que le Ça éprouve, toutes les expériences qu'il reçoit, il le doit à l'entremise du *Moi* qui, à ses lieu et place, communique avec le monde extérieur. Et, cependant, pour autant qu'il s'agit des qualités et propriétés du *Moi, il* ne peut guère être question de transmission héréditaire directe. Ici s'ouvre un fossé qui sépare l'individu réel de la notion de l'espèce. D'autre part, il ne faut pas poser entre le *Moi* et le *Ça* une différence trop tranchée : on ne doit pas oublier, en effet, que le *Moi* n'est qu'une partie du *Ça* ayant subi une différenciation particulière. Les expériences faites par le *Moi* semblent d'abord perdues au point de vue de la transmission héréditaire, mais lorsqu'elles sont suffisamment intenses et se répètent d'une façon suffisamment fréquente chez un grand nombre d'individus appartenant à des générations successives, elles se transforment, pour ainsi dire, en expériences du Ça dont les traces mnémiques sont conservées et maintenues à la faveur de l'hérédité. C'est ainsi que le *Ça* héréditaire abrite les restes d'innombrables existences individuelles, et lorsque le *Moi* puise dans le *Ça* son *Sur-Moi,* il ne fait peut-être que retrouver et ressusciter des aspects anciens du *Moi.*

Étant donné le mode de formation du *Sur-Moi,* on comprend que les anciens conflits qui ont eu lieu entre le Moi et les objets de concentration libidinale du *Ça* se prolongent en conflits se déroulant cette fois entre le *Moi* et l'héritier du *Ça,* c'est-à-dire le *Sur-Moi.* Lorsque le *Moi* n'a pas réussi à surmonter d'une façon satisfaisante le Complexe *d'Oedipe,* la concentration énergétique qu'il avait puisée dans le

Ça se manifestera de nouveau dans la formation réactionnelle, représentée par le *Moi* idéal. Le fait que le *Moi* idéal communique largement avec les impulsions instinctives inconscientes est de nature à nous expliquer ce phénomène en apparence énigmatique que le *Moi* idéal reste lui-même en grande partie inconscient, inaccessible au *Moi*. La lutte qui faisait rage dans les couches profondes, sans pouvoir se terminer par une rapide sublimation et identification, se poursuit désormais, comme la bataille contre les Huns dans le tableau de Kaulbach, dans une région supérieure.

---

1. *Zur Einführung des Narzissmus; Massenpsychologie und Jeh-Analyse* (ce dernier ouvrage fait partie du présent volume, sous le titre : Psychologie *collective et analyse du Moi*).
2. Je me suis seulement trompé, en attribuant à ce *Sur-Moi* la fonction de l'épreuve par la réalité. Que cette fonction appartienne, non au *Sur-Moi*, mais au *Moi*, rien ne parait plus compatible avec les rapports existant entre celui-ci et le monde des perceptions. Tout ce que j'ai dit antérieurement, d'une façon assez vague et indéterminée, au sujet du *noyau du Moi*, ne garde sa valeur que pour autant qu'on considère que c'est le système « conscience-perception » qui forme ce noyau.
3. *Trauer und Melancholie.*
4. A cette substitution de l'identification au choix d'un objet sexuel nous avons un intéressant parallèle dans la croyance du primitif, d'après laquelle les propriétés de l'animal mangé se communiquent à celui qui l'a absorbé et forment son caractère, et dans les prohibitions en rapport avec cette croyance. Cette croyance se trouve également à la base du cannibalisme et son action se poursuit, à travers les usages et coutumes se rapportant au repas totémique, jusque dans la sainte communion. Les conséquences qu'on attribue, d'après cette croyance, à l'absorption orale de l'objet, se manifeste réellement plus tard, à l'occasion du choix de l'objet sexuel.
5. A présent que nous avons réussi à séparer le *Moi* du *Ça*, nous devons reconnaître que c'est ce dernier qui constitue le grand

réservoir de la libido, au sens primaire du mot. Quant à la libido que le *Moi* reçoit à la suite des identifications que nous décrivons, elle est la source du « narcissisme secondaire ».

6. Il serait prudent de dire : « avec les parents », car avant que l'individu ait acquis une connaissance certaine de la différence qui existe entre les sexes (présence ou absence d'un pénis), il se comporte de la même manière à l'égard du père et de la mère. Ayant eu récemment l'occasion d'observer une jeune femme, j'ai appris que, depuis qu'elle s'est aperçue qu'elle manquait de pénis, elle était persuadée que cet organe faisait défaut, non à toutes les femmes, mais seulement à celles qui étaient en état d'infériorité. Tel n'était pas, d'après elle, le cas de sa mère. Pour simplifier mon exposé, je ne m'occuperai que de l'identification avec le père.

7. *Psychologie collective et analyse du Moi.*

8. Nous laissons ici de côté la science et l'art.

9. Cf. *Psychologie collective et analyse du Moi. - Sur quelques mécanismes névrotiques en rapport avec la jalousie, la paranoïa et l'homosexualité.*

4

LES DEUX VARIÉTÉS
D'INSTINCTS

Ainsi que nous l'avons déjà dit : si notre division de l'être psychique en un *Ça*, un *Moi* et un *Sur-Moi* constitue un progrès dans l'ordre de nos connaissances, elle doit également nous fournir le moyen de comprendre d'une façon plus approfondie et de donner une description meilleure des rapports dynamiques qui existent dans la vie psychique. Nous savons déjà que le *Moi* subit d'une façon toute particulière l'influence des perceptions, et qu'on peut dire d'une façon générale que les perceptions sont au *Moi* ce que les instincts et penchants sont au *Ça*. *Il* convient d'ajouter toutefois qu'à son tour le *Moi* subit l'action des instincts et des penchants, au même titre que le *Ça* dont il n'est qu'une partie, modifiée d'une façon particulière.

En ce qui concerne les penchants et les instincts, j'ai donné (*Au-delà du principe du plaisir*) un bref aperçu de la manière dont je les conçois ; et cette conception, je la maintiens ici et la mets à la base de mes considérations ultérieures. J'estime notamment qu'il faut admettre l'existence de deux variétés d'instincts, dont l'une, formée par les instincts sexuels (Eros), est de beaucoup la plus évidente et la plus accessible à notre connaissance. Cette variété comprend non seulement l'instinct sexuel proprement dit, soustrait à toute inhibition, ainsi que les tendances, inhibées dans leur but et sublimées, qui en dérivent, mais aussi l'instinct de conservation que nous devons attribuer au Moi et qu'au début de notre travail analytique nous avons, pour de bonnes raisons, opposé aux tendances sexuelles orientées vers des objets. Il nous a été plus difficile de démontrer l'existence de l'autre variété d'instincts et nous en sommes venus finalement à voir dans le sadisme le représentant de cette variété. Nous basant sur des raisons théoriques appliquées à la biologie, nous avons admis l'existence d'un *instinct de mort*, ayant pour fonction de ramener tout ce qui est doué de vie organique à l'état inanimé, tandis que le but poursuivi par Eros consiste à compliquer la vie et, naturellement, à la maintenir et à la conserver, en intégrant à la substance vivante divisée et dissociée un nombre de plus en plus grand de ses particules détachées. Les deux instincts, aussi bien l'instinct sexuel que l'instinct de mort, se comportent comme des instincts de conservation, au sens le plus strict du mot, puisqu'ils tendent l'un et l'autre à rétablir un état qui a été troublé par l'apparition de la vie. L'apparition de la vie serait donc la cause aussi bien de la prolongation de la vie que de l'aspiration à la mort, et la vie elle-même apparaîtrait comme une lutte ou un compromis entre ces deux tendances. La question des origines de la vie resterait une question d'ordre cosmologique qui, au point de vue du but et de l'intention poursuivis par la vie, comporterait une réponse dualiste.

A chacune de ces deux variétés d'instincts se rattacherait un processus physiologique (construction et destruction) ; l'une et l'autre seraient à l'œuvre dans chacune des parties de la substance vivante, mais elles y seraient mélangées dans des proportions variables, si bien qu'une de ces parties pourrait à un moment donné s'affirmer comme étant plus particulièrement représentative d'Eros.

Nous ne pouvons encore nous faire aucune idée de la manière dont les deux instincts se combinent, s'associent, se mélangent. Mais si l'on adopte notre manière de voir, on doit admettre que ces combinaisons, associations et mélanges se produisent régulièrement et sur une vaste échelle. L'association d'un grand nombre d'organismes élémentaires unicellulaires, avec formation consécutive d'êtres vivants multicellulaires, a rendu possible la neutralisation de l'instinct de mort de la cellule particulière et isolée et de faire dériver vers le monde extérieur, par l'intermédiaire d'un organe particulier, les penchants destructeurs. Cet organe serait représenté par la musculature, et l'instinct de mort se manifesterait désormais (en partie tout au moins) sous la forme d'une tendance à la destruction, dirigée contre le monde et les autres êtres vivants.

Une fois admise la conception d'un mélange des deux variétés d'instincts, nous entrevoyons aussitôt la possibilité d'une séparation, plus ou moins complète, de ces deux variétés. Nous aurions dans l'élément sadique de l'instinct sexuel un exemple classique d'un mélange d'instincts, au service d'un but déterminé, tandis que le sadisme, s'affirmant comme une perversion indépendante, nous offrirait un exemple non moins classique d'une dissociation du mélange, poussée à l'excès. Nous nous trouvons ainsi en présence d'un vaste ensemble de faits qui n'ont pas encore été envisagés à la lumière des notions que nous préconisons ici. Nous constatons notamment que le penchant à la destruction affecte toujours et dans tous les cas la forme d'un penchant de dérivation, au service d'Eros ; nous soupçonnons que l'accès épileptique est le produit et l'indice d'une dissociation du mélange, et nous commençons à comprendre que parmi les conséquences que laissent après elles certaines névroses graves, les névroses obsessionnelles par exemple, la dissociation des instincts et le rôle de premier ordre assumé par l'instinct de mort méritent une attention toute particulière. A la faveur d'une généralisation quelque peu rapide, nous sommes portés à admettre que la cause essentielle d'une répression libidinale, de la phase génitale, par exemple, à la phase sadique anale, réside dans une dissociation des instincts, de même qu'inversement le progrès de la phase génitale primitive à la phase génitale définitive ne peut s'effectuer qu'à la faveur de l'adjonction d'éléments érotiques. Nous pouvons également nous demander si l'ambivalence régulière que nous trouvons souvent si renforcée chez les sujets ayant une disposition constitutionnelle aux névroses, ne doit pas être considérée, elle aussi, comme la conséquence d'une désintrication des instincts ; il est vrai que celle-ci remonte à un passé tellement lointain qu'on se trouverait plutôt en présence d'un mélange incomplet.

Notre intérêt se portera naturellement sur les questions de savoir s'il n'est pas possible de découvrir des rapports instructifs entre les entités *Moi*, *Sur-Moi* et *Ça*, que nous avons établies, d'une part, et les deux variétés d'instincts, d'autre part ; et s'il est possible d'assigner au principe du plaisir qui préside aux processus psychiques des rapports fermes et constants avec les deux variétés d'instincts et avec les différenciations psychiques. Mais avant d'aborder la discussion de ces questions, nous devons dissiper un doute que peut faire naître la manière même dont nous posons le problème. Le principe du plaisir lui-même ne soulève pas le moindre doute, les distinctions que nous avons établies au sein du *Moi* reposent sur des justifications cliniques, mais la distinction entre les deux variétés d'instincts ne repose pas sur une base suffisamment solide, et il se peut qu'elle soit en contradiction avec des faits d'analyse clinique.

Il semble qu'il y ait un fait de ce genre. Nous pouvons substituer à l'opposition existant entre les deux instincts la polarité qui existe entre l'amour et la haine. Pour trouver un représentant d'Eros, nous n'éprouvons pas le moindre embarras ; en revanche sommes-nous déjà on ne peut plus contents de pouvoir envisager le penchant à la destruction, auquel la haine fraie le chemin, comme représentant l'instinct de mort dont il est fort difficile de se faire une idée plus ou moins concrète. Or, l'observation clinique nous montre, non seulement que, régulièrement et d'une façon inattendue, la haine accompagne l'amour (ambivalence), que la haine précède et annonce l'amour dans les relations humaines, mais aussi que, dans certaines conditions, la haine se transforme en amour, et l'amour en haine. S'il s'agit là d'une transformation véritable, et non d'une simple succession dans le temps, il est évident qu'une distinction aussi radicale que celle que nous avons postulée entre penchants érotiques et instincts, et qui suppose des processus physiologiques se déroulant dans des sens opposés, manque de base.

Or, le fait qu'on peut d'abord aimer une personne et la haïr ensuite, ou inversement, lorsqu'elle en fournit les raisons et les prétextes, ce fait, disons-nous, ne se rattache d'aucune manière à notre problème. Nous en dirons autant des cas où un sentiment amoureux, encore latent, se manifeste d'abord par une attitude d'hostilité et un penchant à l'agression, car dans ces cas il peut s'agir d'un simple retard de l'élément érotique, retard qui a permis à l'autre élément, au penchant destructeur, de prendre une certaine avance. Mais la psychologie des névroses nous offre un grand nombre de cas dans lesquels l'hypothèse d'une transformation paraît plus vraisemblable. Dans la folie de la persécution (*paranoïa persecutoria*) le malade se défend d'une certaine façon contre un attachement homosexuel trop fort à l'égard d'une personne, et il en arrive à faire de cette personne, passionnément aimée, une persécutrice contre laquelle il devient dangereusement agressif. Nous sommes autorisés à intercaler entre ces deux attitudes une phase au cours de laquelle l'amour avait subi la transformation en haine. Les recherches psychanalytiques nous ont révélé récemment que l'apparition de l'homosexualité, ainsi que des sentiments sociaux désexualisés d'ailleurs, est accompagnée de sentiments de rivalité fortement agressive qui doivent disparaître, pour que l'objet précédemment haï devienne un objet aimé ou un objet d'identification. On peut se demander s'il s'agit, dans ces cas également, d'une transformation directe de la haine en amour. Ne se trouve-t-on pas, en effet, en présence de modifications internes absolument indépendantes de changements quelconques dans la manière de se comporter de l'objet?

Mais l'examen analytique du processus qui constitue la transformation paranoïque nous suggère la possibilité d'un acte mécanique. Il s'agit notamment d'une attitude ambivalente d'emblée ; quant à la transformation, elle s'effectuerait à la faveur d'un déplacement réactionnel de la charge énergétique, une certaine quantité d'énergie étant soustraite aux tendances érotiques et ajoutée aux tendances hostiles.

On se trouve en présence d'une situation, non identique, mais analogue, dans les cas où la rivalité hostile ayant été étouffée, l'homosexualité apparaît. Comme il n'existe pour l'attitude hostile aucune perspective de satisfaction, elle cède la place (donc pour des raisons purement économiques) à l'attitude amoureuse qui a plus de chance d'obtenir satisfaction, c'est-à-dire plus de possibilités de décharge. C'est ainsi que dans ces cas dont nous nous occupons l'hypothèse d'une transformation directe se révèle comme inutile, d'autant qu'une pareille transformation serait incompatible avec les différences qualitatives qui existent entre les deux variétés d'instincts.

En tenant compte de la possibilité d'un autre mécanisme de transformation de l'amour en haine, nous avions admis tacitement une hypothèse que nous devons maintenant rendre explicite. Nous avions supposé notamment dans la vie psychique (dans le *Moi* ou dans le *Ça*, peu importe) une énergie susceptible de déplacement et qui, indifférente par elle-même, peut s'ajouter à une tendance érotique ou destructive qualitativement différenciée et en augmenter la charge énergétique totale. Sans cette hypothèse d'une énergie susceptible de déplacement, notre explication manque de base. Il s'agit maintenant de savoir d'où provient cette énergie, à quel compartiment de la vie psychique elle appartient, ce qu'elle signifie.

Le problème de la qualité des penchants instinctifs et de son maintien à travers toutes les vicissitudes que subissent ces penchants est encore très obscur, et très peu de chose a été fait jusqu'à ce jour en vue de son élucidation. En ce qui concerne les tendances sexuelles partielles qui se prêtent particulièrement bien à l'observation, elles présentent un certain nombre de processus faciles à constater et à ranger dans la même catégorie : nous savons, par exemple, que les tendances partielles communiquent, dans une certaine mesure, les unes avec les autres, qu'une tendance faisant partie d'une certaine source érogène peut renforcer une tendance partielle en rapport avec une autre source érogène en lui cédant une partie de son intensité ; que la satisfaction d'une tendance peut remplacer celle d'une autre, etc. Tous ces faits sont de nature à nous encourager à formuler certaines hypothèses.

Dans la discussion qui suit, je puis également proposer une hypothèse, et non une preuve. Il me paraît plausible d'admettre que cette énergie, qui anime le Moi et le Ça, énergie indifférente et susceptible de déplacements, provient de la réserve de libido narcissique, c'est-à-dire qu'elle représente une libido (Eros) désexualisée. Les penchants érotiques, en effet, nous apparaissent, d'une façon générale, plus plastiques, plus susceptibles de dérivation et de déplacement que les tendances destructives. On peut poursuivre cette hypothèse, en supposant que cette libido, susceptible de déplacement, travaille au service du principe du plaisir, en prévenant les arrêts et stagnations et en facilitant les décharges. A ce propos, l'issue par laquelle s'effectue cette décharge, à supposer qu'elle s'effectue, paraît dans une certaine mesure indifférente. Nous savons déjà que cette particularité est caractéristique des processus de concentration qui s'accomplissent dans le *Ça*. On l'observe dans les concentrations érotiques qui se portent sur un objet quelconque, sans préférence ou prédilection aucune ; et on l'observe également au cours de l'analyse dans les transferts qui s'effectuent coûte que coûte, quelle que soit la personne qui puisse en bénéficier. Rank a cité de beaux exemples de vengeance névrotique dirigée contre des personnes qui étaient les dernières à la mériter. Cette manière de procéder de l'inconscient fait penser à l'anecdote dont on fait si souvent un usage comique et dans laquelle il est question de trois tailleurs de village qui ont été pendus, parce que l'unique maréchal ferrant du village avait commis un crime passible de la peine de mort. Il faut que le châtiment soit consommé, alors même qu'il doit frapper un autre que le vrai coupable. Nous avons déjà noté la même indifférence lors des déplacements du processus primaire dans le travail de rêve. Mais tandis que dans ce dernier cas l'indifférence se manifeste à l'égard des objets, elle porte principalement, dans le cas qui nous occupe, sur le trajet suivi par l'action de décharge. Un plus grand discernement dans le choix des objets et des voies de décharge semblerait être plus conforme à l'idée que nous nous faisons des fonctions du *Moi*.

S'il est vrai que cette énergie susceptible de déplacement représente une libido désexualisée, on peut dire également qu'elle est de l'énergie *sublimée,* en ce sens qu'elle ait fait sienne la principale intention d'Eros qui consiste à réunir et à lier, à réaliser l'unité qui constitue le trait distinctif ou, tout au moins, la principale aspiration du *Moi*. En rattachant également à cette énergie susceptible de déplacements les processus intellectuels au sens large du mot, on peut dire que le travail intellectuel est alimenté, à son tour, par des impulsions érotiques sublimées.

Nous voilà ramenés à l'hypothèse que nous avons formulée précédemment et d'après laquelle la sublimation s'effectuerait généralement par l'intermédiaire du *Moi*. Et, à ce propos, nous rappelons une autre possibilité que nous avions admise, à savoir que le *Moi* se substitue au *Ça* dans ses fixations aux objets, aussi bien dans les fixations précoces que dans celles des phases plus évoluées de la vie ; et qu'il le fait en s'appropriant leur libido et en l'intégrant à la modification qu'il a subie par suite de l'identification. A cette transformation de la libido du *Ça* en libido du *Moi* se rattache naturellement un renoncement aux buts sexuels, une désexualisation. Quoi qu'on pense de la portée de ces processus, il n'en reste pas moins qu'ils nous révèlent un fait d'une grande importance, en ce qu'il nous permet de mieux comprendre les rapports qui existent entre le *Moi* et Eros. En s'appropriant ainsi la libido attachée aux objets vers lesquels le Ça est poussé par ses tendances érotiques, en se posant comme le seul objet d'attachement amoureux, en désexualisant ou en sublimant la libido du *Ça*, le *Moi* travaille à l'encontre des intentions d'Eros, se met au service de tendances instinctives opposées. Il est obligé d'accepter une autre partie des fixations du *Ça*, y participer, pour ainsi dire. Et cette manière de se comporter du *Moi* peut encore avoir une autre conséquence dont nous aurons à nous occuper plus tard.

Ces considérations sont de nature à imprimer à la théorie du narcissisme une modification importante. A l'origine, toute la libido se trouve accumulée dans le *Ça*, alors que le *Moi* est encore en voie de formation ou à peine formé. Le *Ça* utilise une partie de sa libido en fixations érotiques sur des objets, tandis que le *Moi*, à mesure qu'il se développe et se fortifie, cherche à attirer sur lui cette libido orientée vers les objets et à s'imposer au *Ça* comme seul objet d'attachement érotique. C'est ainsi que le narcissisme du *Moi* est un narcissisme secondaire, dérobé aux objets.

Plus nous suivons les tendances instinctives accessibles à notre observation, et plus elles se révèlent à nous comme des dérivation d'Eros. N'étaient les considérations que nous avons développées dans *Au-delà du principe du* plaisir et si nous ne savions pas qu'Eros comporte des éléments sadiques, il nous serait impossible de maintenir notre conception dualiste. Mais puisque nous la maintenons, et les raisons que nous venons de citer nous y obligent, nous ne pouvons nous empêcher de penser que les instincts de mort opèrent essentiellement en silence et que tout le bruit de la vie émane d'Eros [1].

D'Eros et de la lutte contre Eros! Il paraît tout à fait vraisemblable que le principe du plaisir sert au *Ça* de boussole dans la lutte contre la libido dont l'intervention trouble le cours de la vie. Si la vie est dominée par le principe de la constance tel que le concevait Fechner, ce qui signifie que la vie constitue un acheminement vers la mort, ce sont les exigences d'Eros, c'est-à-dire des instincts sexuels, qui empêchent une baisse de niveau et introduisant de nouvelles tensions. Guidé par le principe du plaisir, c'est-à-dire par la perception du déplaisir, le *Ça* se défend contre ces nouvelles tensions par différents moyens. En premier lieu, en s'adaptant aussi rapidement que possible aux exigences de la libido non désexualisée, c'est-à-dire en cherchant à satisfaire les tendances directement sexuelles. En deuxième lieu, et cela d'une façon beaucoup plus efficace, en se débarrassant, au cours d'une de ces

satisfactions, qui fait taire toutes les exigences partielles, des substances sexuelles, ces porteurs saturés
des tensions érotiques. L'élimination de la substance
sexuelle au cours de l'acte sexuel correspond, dans
une certaine mesure, à la séparation entre le soma et
le plasma germinatif. C'est pourquoi l'état qui suit
la satisfaction sexuelle complète ressemble à la
mort, et c'est pourquoi chez les animaux inférieurs
la mort suit immédiatement la procréation. Ces
êtres meurent après avoir procréé, parce qu'après
l'élimination d'Eros à la faveur de la satisfaction, la
mort recouvre sa liberté d'action et ne rencontre pas
d'obstacles à la réalisation de ses desseins. Ajoutons
enfin (fait que nous connaissons déjà) que le *Moi* facilite au *Ça* cette lutte contre la *libido,* en sublimant
une partie de celle-ci pour lui-même et en vue des
buts qu'il poursuit.

---

1. D'après notre manière de voir, les instincts de destruction di-
   rigés vers l'extérieur auraient été détournés du propre Moi
   par l'intermédiaire d'Eros.

5

LES ÉTATS DE DÉPENDANCE DU MOI

Si aucun des titres que nous donnons à nos chapitres ne correspond tout à fait au contenu de ceux-ci et si nous sommes obligés, pour étudier de nouveaux rapports, de reprendre des considérations dont le développement pouvait sembler épuisé, il faut en voir la cause dans l'extrême complexité du sujet que nous traitons.

C'est ainsi que nous avons dit à plusieurs reprises que le *Moi* est formé en grande partie d'identifications, lesquelles proviennent de fixations érotiques détournées du *Ça*, que les premières de ces identifications se comportent toujours dans le *Moi* comme une instance particulière, en s'opposant au *Moi* en qualité de *SurMoi*, et que le *Moi* lui-même, à mesure qu'il gagne en force et en cohésion, devient plus tard capable de résister davantage aux influences exercées par ces identifications. Le *Sur-Moi* doit la place qu'il occupe dans le *Moi, ou, si* l'on veut, l'attitude qu'il observe à l'égard du *Moi*, à un facteur qui présente une double importance et doit, par conséquent, être apprécié à un double point de vue en premier lieu, il représente la première identification qui s'est produite, alors que le *Moi* était encore faible en deuxième lieu, il est l'héritier du complexe d'Oedipe et, comme tel, il a introduit dans le Moi les objets les plus appréciés. Dans une certaine mesure, il est aux modifications ultérieures du *Moi* ce que la phase sexuelle primaire de l'enfance est à la vie sexuelle qui suit la puberté. Tout en restant accessible à toutes les influences ultérieures, il n'en garde pas moins toute la vie durant le caractère qu'il doit à ses origines remontant au complexe, c'est-à-dire le pouvoir de s'opposer au *Moi* et de le dominer. Il représente la trace durable de la faiblesse et de la dépendance anciennes du *Moi* et manifeste sa prédominance, alors même que celui-ci a déjà atteint sa pleine maturité. De même que l'enfant se trouve contraint d'obéir à ses parents, le Moi se soumet à l'impératif catégorique du *Sur-Moi*.

Mais le fait qu'il provient des premières fixations du Ça, c'est-à-dire du *Complexe d'Oedipe,* présente pour le *Sur-Moi* une signification encore plus grande. C'est, ainsi que nous l'avons déjà montré, grâce à ce fait qu'il se trouve mis en rapport avec les acquisitions phylogéniques du *Ça* et constitue la réincarnation de tous les anciens *Moi* qui ont laissé leur trace et leur dépôt dans le Ça. A la faveur de cette circonstance, le *Sur-Moi* reste toujours en contact étroit avec le Ça et peut représenter celui-ci auprès du *Moi. Il* plonge profondément dans le Ça et est, de ce fait, beaucoup plus éloigné de la conscience que le *Moi* [1].

Pour bien comprendre ces rapports, nous n'avons qu'à nous rappeler certains faits cliniques connus depuis longtemps, mais attendant encore leur élaboration théorique.

Certaines personnes se comportent, au cours du travail analytique, d'une façon tout à fait singulière. Quand on leur donne de l'espoir et qu'on leur montre qu'on est satisfait de la marche du traitement, ils paraissent mécontents et leur état subjectif s'aggrave régulièrement. On voit d'abord dans ce fait une manifestation de leur esprit de contradiction et le désir de montrer leur supériorité sur le médecin. Mais on ne tarde pas à constater qu'il s'agit d'un phénomène beaucoup plus profond. On s'aperçoit non seulement que ces personnes sont incapables de louange et de reconnaissance, mais aussi qu'elles réagissent aux progrès du traitement d'une manière opposée à celle à laquelle on pourrait s'attendre en toute logique. Tout progrès partiel qui devrait avoir, et a effectivement chez d'autres pour conséquence une amélioration ou une disparition passagère des symptômes, se traduit chez elles par une aggravation momentanée de leur mal, et leur état, au lieu de s'améliorer, s'aggrave au cours du traitement. Elles présentent ce qu'on appelle la *réaction thérapeutique négative*.

Il est hors de doute que, chez ces personnes, quelque chose s'oppose à leur rétablissement, dont l'approche est redouté comme un danger. On dit que, chez elles, prédomine, non la volonté de guérir, mais le besoin d'être malade. Lorsqu'on analyse cette résistance par les moyens habituels, lorsqu'on en dissocie l'attitude de provocation à l'égard du médecin et la fixation à telles ou telles formes d'aggravation morbide, on constate que ce qui subsiste constitue l'obstacle le plus puissant au rétablissement, plus puissant que ceux représentés par le narcissisme réfractaire, par l'attitude négative à l'égard du médecin et par le désir du malade d'obtenir une aggravation de son état.

On constate notamment qu'il s'agit d'un facteur pour ainsi dire « moral », d'un sentiment de culpabilité qui trouve sa satisfaction dans la maladie et ne veut pas renoncer au châtiment représenté par la souffrance. Constatation peu consolante, mais devant laquelle il faut s'incliner. Pour le malade cependant ce sentiment de culpabilité reste muet, il ne lui dit pas qu'il est coupable; et lui-même se sent, non coupable, mais malade. Ce sentiment se manifeste seulement sous la forme d'une résistance, difficile à vaincre, au rétablissement. Il est non moins difficile de convaincre le malade que telle est la véritable raison de sa résistance ; il s'en tiendra plutôt à l'explication qui se présente plus naturellement à son esprit, à savoir que le traitement analytique n'est pas celui dont il puisse attendre la guérison [2].

La description que nous venons de donner s'applique aux cas les plus extrêmes, mais probablement aussi, dans une mesure plus atténuée, à beaucoup de névroses, peut-être à toutes les névroses graves. On peut même se demander si ce n'est pas ce facteur, c'est-à-dire la manière dont se comporte le *Moi* idéal, qui joue un rôle décisif dans la gravité plus ou moins grande d'une affection névrotique. Aussi croyons-nous devoir ajouter quelques remarques au sujet de la manifestation du sentiment de culpabilité dans des circonstances diverses.

Le sentiment de culpabilité normal, conscient (scrupules de conscience) n'offre à l'interprétation aucune difficulté; il repose sur l'état de tension qui existe entre le *Moi* et le *Moi* idéal, il est l'expression d'une condamnation du Moi par son instance critique. Les sentiments d'infériorité qu'éprouvent les névrotiques se prêtent assez bien à cette explication. Dans deux affections qui nous sont bien familières, le sentiment d'infériorité est intensément conscient; le *Moi* idéal fait alors preuve d'une rigueur particulière et sévit contre le *Moi* d'une façon souvent cruelle. En dehors de ce trait commun, les deux affections auxquelles nous faisons allusion, la névrose obsessionnelle et la mélancolie, présentent des différences, à leur tour significatives, quant au mode de comportement du *Moi* idéal.

Dans la névrose obsessionnelle (ou, du moins, dans certaines de ses formes), le sentiment de culpabilité affecte un caractère aigu, mais ne réussit pas à se justifier aux yeux du *Moi*. Aussi le *Moi* du malade se dresse-t-il contre ce sentiment, contre l'accusation de culpabilité dont il est accablé par le *Moi* idéal et demande au médecin de le soutenir, de l'appuyer dans la lutte contre ce sentiment. Il serait absurde de lui céder sur ce point, car ce serait là tenter de vains efforts. L'analyse montre que le *Sur-Moi* subit des influences qui restent inconnues au *Moi*. On réussit effectivement à découvrir les impulsions refoulées qui alimentent le sentiment de culpabilité. Le *Sur-Moi* se montre mieux renseigné que ne l'est le *Moi* et le *Ça* inconscient.

Dans la mélancolie, on a l'impression encore plus nette que le *Sur-Moi* a attiré la conscience de son côté. Mais cette fois le *Moi* n'élève plus aucune protestation, il se reconnaît coupable et se soumet au châtiment. Nous comprenons cette différence d'attitude à l'égard du sentiment de culpabilité qui existe entre la névrose obsessionnelle et la mélancolie. Dans la première, il s'agit de tendances choquantes qui sont restées en dehors du *Moi* ; dans la mélancolie, au contraire, le *Moi* s'est assimilé par identification l'objet contre lequel est dirigée la colère du *Sur-Moi*.

Sans doute, le fait que le sentiment de culpabilité affecte dans ces deux maladies névrotiques une intensité si extraordinaire, n'est pas de ceux qui peuvent se passer d'explication ; mais le principal problème qui se pose à propos de cette situation se trouve ailleurs. Nous nous en occuperons, après avoir passé en revue les autres cas dans lesquels le sentiment de culpabilité reste inconscient.

Ces cas sont représentés principalement par l'hystérie et par les états du type hystérique. Le mécanisme à la faveur duquel le sentiment de culpabilité y reste inconscient est facile à découvrir. Le *Moi* hystérique se défend contre la perception pénible dont il est menacé par son *Sur-Moi* critique, de la même manière dont il se défend généralement contre une intolérable fixation à un objet : par un acte de refoulement. C'est donc le *Moi* qui est la cause de l'état inconscient du sentiment de culpabilité. Nous savons par ailleurs que le *Moi* effectue la plupart des refoulements pour le compte du *Sur-Moi* et à ses lieu et place ; mais, cette fois, il se sert de la même arme contre son maître sévère. On sait que dans la névrose obsessionnelle les formations réactives jouent un rôle prédominant; ici le *Moi* ne réussit qu'à maintenir à distance les matériaux auxquels se rapporte le sentiment de culpabilité.

On peut aller plus loin et hasarder l'hypothèse qu'à l'état normal le sentiment de culpabilité doit rester en grande partie inconscient, ce qu'on appelle les scrupules de conscience se rattachant intimement au *Complexe d'Oedipe* qui fait partie de l'inconscient. S'il se trouvait quelqu'un pour émettre ce paradoxe que l'homme normal n'est pas seulement plus immoral qu'il le croit, mais aussi plus moral qu'il ne s'en doute, la psychanalyse, dont les données servent de base à la première partie de cette proposition, n'aurait aucune objection à élever contre la seconde [3].

Ce fut une surprise de constater que lorsqu'il a atteint un certain degré d'intensité, ce sentiment de culpabilité inconscient pouvait faire d'un homme un criminel. La chose est pourtant certaine. On trouve chez beaucoup de criminels jeunes, un puissant sentiment de culpabilité, antérieur, et non consécutif au crime ; un sentiment qui a été le mobile du crime, comme si le sujet avait trouvé un soulagement à rattacher ce sentiment inconscient à quelque chose de réel et d'actuel.

Dans toutes ces occasions se manifestent l'indépendance du *Sur-Moi* par rapport au *Moi* et les liens intimes qui le rattachent au *Ça* inconscient. Or, étant donné le rôle que nous avons assigné aux traces verbales inconscientes qui existent dans le *Moi*, on peut se demander si le *Sur-Moi*, lorsqu'il est inconscient, ne se compose pas de ces traces verbales ou de quelque chose d'analogue. Notre réponse à cette question sera modeste et réservée : nous dirons notamment que si le *Sur-Moi* ne peut renier ses origines acoustiques, que s'il est vrai qu'il forme une partie du *Moi* et que ces représentations verbales (notions, abstractions) sont plutôt de nature à le rendre accessible à la conscience, il est également vrai que l'énergie de fixation inhérente à ces contenus du *Sur-Moi* provient, non des perceptions auditives, de l'enseignement ou de la lecture, mais de sources ayant leur siège dans le *Ça*.

La question dont nous avons dit plus haut que nous en différions la discussion, est la suivante : comment se fait-il que le *Sur-Moi* se manifeste principalement comme un sentiment de culpabilité (ou, plutôt, comme une instance critique, le sentiment de culpabilité étant la forme sous laquelle le *Moi* perçoit cette critique) et qu'il fasse preuve en même temps d'une sévérité si dure et impitoyable à l'égard du *Moi* ? En ce qui concerne tout d'abord la mélancolie, nous trouvons que le *Sur-Moi,* très puissant, qui a attiré la conscience de son côté, sévit contre le *Moi* avec une violence inouïe, comme s'il avait accaparé tout le sadisme dont dispose l'individu. Étant donnée notre manière de concevoir le sadisme, nous dirions que l'élément destructif s'est déposé dans le *Sur-Moi* et dirigé contre le Moi. Ce qui désormais domine dans le *Sur-Moi,* c'est une sorte de culture pure de l'instinct de mort qui réussit souvent à pousser le *Moi* à la mort, lorsque celui-ci n'a pas eu la précaution de se réfugier au préalable dans la manie.

Non moins pénibles et torturants sont les reproches de la conscience dans certaines formes de la névrose obsessionnelle, mais ici la situation est moins apparente. Il est à noter que, contrairement à ce qui se passe dans la mélancolie, le malade atteint de névrose obsessionnelle ne franchit jamais le pas qui le sépare du suicide, on dirait même qu'il est immunisé contre le danger de suicide, en tout cas, il est mieux protégé contre ce danger que l'hystérique. Nous nous rendons fort bien compte que ce qui assure la sécurité du *Moi,* c'est le maintien, la conservation de l'objet. Dans la névrose obsessionnelle, c'est la régression vers l'organisation prégénitale qui rend possible la transformation des impulsions amoureuses en impulsions agressives contre l'objet. L'instinct de destruction ayant ainsi recouvré sa liberté, veut anéantir l'objet ou semble tout au moins avoir cette intention. Le *Moi* n'a pas adopté ces tendances, il y résiste par toutes sortes de formations réactionnelles et de mesures de précaution, si bien qu'elles restent dans le *Ça.* Mais le *Sur-Moi* se comporte comme si c'était le *Moi* qui était responsable de ces tendances, et le sérieux avec lequel il cherche à réaliser ses desseins de destruction, montre bien qu'il s'agit, non d'une apparence provoquée par la régression, mais d'une substitution réelle et véritable de la haine à l'amour. Impuissant des deux côtés, le *Moi* se défend en vain entre les suggestions du *Ça* meurtrier et contre les reproches de la conscience qui punit. Il ne réussit à empêcher que les actions les plus grossières de l'un et de l'autre, et il aboutit seulement soit à se torturer lui-même sans fin, soit à torturer systématiquement l'objet, lorsque la chose est possible.

Les dangereux instincts de mort de l'individu subissent des sorts divers : tantôt ils sont rendus inoffensifs grâce à leur mélange avec des éléments érotiques, tantôt ils sont déviés vers le dehors sous une forme aggressive, mais pour la plus grande partie ils poursuivent certainement en toute liberté leur travail intérieur. Comment se fait-il donc que dans la mélancolie le *Sur-Moi* puisse devenir une sorte de réservoir dans lequel viennent s'accumuler les instincts de mort?

En se plaçant au point de vue de la restriction des instincts, de la moralité, on peut dire : le *Ça* est tout à fait amoral, le *Moi* s'efforce d'être moral, le *Sur-Moi* peut devenir hypermoral et, en même temps, aussi cruel que le *Ça*. C'est un fait remarquable que moins l'homme devient agressif par rapport à l'extérieur, plus il devient sévère, c'est-à-dire agressif dans son *Moi* idéal. D'après la logique courante, c'est le contraire qui devrait se produire ; elle voit dans l'exigence du *Moi* idéal une raison justifiant plutôt le renoncement à l'agression. Le fait reste cependant tel que nous l'avons énoncé . plus un homme maîtrise son agressivité, plus son idéal devient agressif contre son *Moi*. On dirait un déplacement, une orientation vers le *Moi*. Déjà la morale courante, normale porte le caractère d'un code plein de sévères restrictions, de cruelles prohibitions. C'est d'ailleurs de là que vient la conception de l'être supérieur, impitoyable dans les châtiments qu'il inflige.

Il m'est impossible de tenter une explication de

tous ces faits, sans introduire une nouvelle hypothèse. Le *Sur-Moi*, on le sait, est né à la faveur d'une identification avec le prototype paternel. Toute identification de ce genre suppose une désexualisation, voire une sublimation. Or, il semble qu'une pareille transformation doive être accompagnée d'une dissociation des instincts. Après la sublimation, les éléments érotiques ne sont plus assez forts pour immobiliser tous les éléments destructifs qui se manifestent alors par une tendance à l'agression et à la destruction. D'une façon générale, si l'idéal se présente sous les traits durs et cruels de l'impérieux tu dois, c'est à cette dissociation qu'il le doit.

Encore quelques mots au sujet de la névrose obsessionnelle. Ici les conditions sont tout à fait différentes. La dissociation des instincts, qui aboutit à la mise en liberté de l'amour de l'agression, n'est pas effectuée par le *Moi*, mais résulte d'une régression qui s'est opérée dans le Ça. Mais ce processus, après avoir débuté dans le *Ça*, s'est propagé au *Sur-Moi* qui, désormais, accentue sa sévérité à l'égard du *Moi* innocent. Dans les deux cas cependant, le *Moi* qui a réussi, à la faveur de l'identification, à se rendre maître de la libido, en sera puni par le *Sur-Moi* qui dirigera contre lui l'agressivité devenue libre à la suite de sa séparation d'avec la libido, à laquelle elle était associée précédemment.

Nos idées concernant le *Moi* commencent à s'éclaircir et ses différents rapports commencent à nous apparaître avec plus de netteté. Nous connaissons maintenant le *Moi* dans toute sa force et avec toutes ses faiblesses. Il est chargé de fonctions importantes ; grâce à ses rapports avec le monde de la perception, il règle la succession des processus psychiques dans le temps et les soumet à l'épreuve de la réalité. En faisant intervenir les processus intellectuels, il obtient un ajournement des décharges motrices et contrôle les avenues qui conduisent à la motilité. Cette dernière fonction est cependant plus formelle qu'effective, le *Moi* jouant à l'égard de l'action le rôle d'un monarque constitutionnel dont la sanction est requise pour qu'une loi puisse entrer en vigueur, mais qui hésite et réfléchit beaucoup, avant d'opposer son veto à un vote du Parlement. Le *Moi* s'enrichit à la suite de toutes les expériences qu'il reçoit du dehors ; mais le *Ça* constitue son autre mode extérieur, qu'il cherche à soumettre à son pouvoir. Il soustrait au *Ça* le plus possible de sa libido, transforme les objets de fixation libidineuse du Ça en autant d'avatars du *Moi*. Avec l'aide du *Sur-Moi*, il puise, d'une façon qui reste pour nous encore obscure, dans les expériences préhistoriques accumulées dans le *Ça*.

Le contenu du *Ça* peut pénétrer dans le *Moi*, en suivant deux voies différentes. La première voie est directe, la seconde passe par le *Moi* idéal, l'une et l'autre déterminant d'une manière décisive la nature de certaines activités psychiques. L'évolution du *Moi* va de la perception instinctive à la domination des instincts, de l'obéissance aux instincts à l'inhibition des instincts. Or, le *Moi* idéal, qui constitue en partie une formation réactionnelle contre les processus instinctifs du *Ça*, contribue puissamment à cette évolution. La psychanalyse est un procédé qui facilite au *Moi* la conquête progressive du *Ça*.

Mais, d'autre part, le même *Moi* nous apparaît

comme une pauvre créature soumise à une triple servitude et vivant, de ce fait, sous la menace d'un triple danger : le monde extérieur, la libido du *Ça* et la sévérité du *Sur-Moi*. Trois variétés d'angoisse correspondent à ces trois dangers, car l'angoisse est l'expression d'un recul devant un danger. Situé entre le *Ça* et le monde extérieur, le *Moi* cherche à les concilier, en rendant le *Ça* adaptable au monde et, grâce à ses actions musculaires, en adaptant le monde aux exigences du *Ça*. Il se comporte, à proprement parler, comme le médecin au cours du traitement psychanalytique : il s'offre lui-même, avec son expérience du monde extérieur, aux aspirations libidineuses du *Ça*, et cherche à diriger sur lui toute la libido de celui-ci. Il n'est pas seulement l'auxiliaire du *Ça* : il est aussi son esclave soumis qui cherche à gagner l'amour de son maître. Il s'efforce, autant que possible, à rester en bonne entente avec le soi, en illustrant les commandements inconscients de celui-ci par ses propres rationalisations conscientes, en donnant l'illusion que le *Ça* se conforme aux avertissements de la réalité, alors même que celui-ci persiste dans sa rigidité et dans son refus de se plier aux exigences de la vie réelle, en amortissant les conflits qui surgissent entre le *Ça* d'une part, la réalité et le *Sur-Moi*, d'autre part. Étant donnée la situation intermédiaire qu'il occupe entre le *Ça* et la réalité, il ne succombe que trop souvent à la tentation de se montrer servile, opportuniste, faux, à l'exemple de l'homme d'État qui, tout en sachant à quoi s'en tenir dans certaines circonstances, n'en fait pas moins un accroc à ses idées, uniquement pour conserver la faveur de l'opinion publique.

En présence des deux variétés d'instincts, le *Moi* ne se comporte pas d'une façon impartiale. Par son travail d'identification et de sublimation, il aide les instincts de mort, qui s'agitent dans le Ça, à vaincre la libido, tout en courant le danger de voir ces instincts se diriger contre lui-même et amener sa destruction. Aussi a-t-il été obligé lui-même de se charger de libido et, devenu ainsi à son tour représentant d'Eros, il veut vivre et être aimé.

Son travail de sublimation ayant cependant pour conséquence une dissociation des instincts, avec mise en liberté des instincts d'agression dans le *Sur-Moi*, il s'expose, dans sa lutte contre la libido, au danger de devenir lui-même objet d'agression et de succomber. Dans les souffrances que le *Moi* éprouve du fait de l'agressivité du *Sur-Moi*, souffrances qui peuvent souvent aboutir à la mort, nous avons le pendant du cas des protistes périssant sous l'action délétère des produits de désassimilation qu'ils ont eux-mêmes créés. Dans la morale qui s'exprime dans le *Sur-Moi*, nous voyons l'analogue, au point de vue économique, des ces produits de désassimilation des protistes.

Parmi les dépendances du *Moi*, celle dans laquelle il se trouve par rapport au *Sur-Moi* nous paraît la plus intéressante.

Le *Moi* peut être considéré comme un véritable réservoir d'angoisse. Menacé par trois dangers, il développe en lui le réflexe de la fuite, à la faveur duquel il retire son attachement érotique à la perception grosse de menaces ou au processus qui, s'accomplissant dans le *Ça*, présente à ses yeux le même caractère, pour l'exprimer sous la forme de l'angoisse. Cette réaction primitive cède plus tard la place à des fixations de défense (mécanisme des phobies). Il est difficile de dire exactement ce que le *Moi* peut avoir à craindre du danger extérieur ou du danger en rapport avec la libido du *Ça;* ou plutôt nous savons qu'il craint d'être asservi ou anéanti, mais l'analyse ne nous apprend rien sur ce point. Le *Moi* suit tout simplement l'avertissement qui lui vient du principe du plaisir. Nous pouvons dire, en revanche, d'une façon précise, ce qui se cache derrière l'angoisse que le *Moi* éprouve devant le *Sur-Moi,* c'est-à-dire derrière l'angoisse provoquée par les scrupules de conscience. L'être supérieur, qui est devenu l'idéal du *Moi*, représentait autrefois la menace de castration, et il est probable que cette angoisse de castration constitue le noyau autour duquel s'est déposée plus tard l'angoisse, en rapport avec les scrupules de conscience : on peut même aller jusqu'à dire que les scrupules de conscience angoissants représentent une forme plus avancée de l'angoisse de castration.

La proposition absolue : « toute angoisse est, à proprement parler, une angoisse de mort » ne signifie pas grand'chose et est, en tout cas, difficile à justifier. Il me semble beaucoup plus correct de faire une distinction entre l'angoisse de mort, d'une part, l'angoisse libidinale névrotique, d'autre part. L'angoisse de mort pose à la psychanalyse un problème difficile, car la mort est une notion abstraite, d'un contenu négatif, dont la correspondance inconsciente est encore à trouver. Le mécanisme de l'angoisse de mort pourrait être uniquement celui-ci : le *Moi* se décharge dans une mesure considérable de la libido narcissique, autrement dit il se sacrifie lui-même, comme dans les autres accès d'angoisse il renonce à l'objet. Je pense que l'angoisse de mort se déroule entre le *Moi* et le *Sur-moi.*

Nous savons que l'angoisse de mort se produit dans deux circonstances qui sont d'ailleurs celles qui favorisent toute angoisse, de quelque nature qu'elle soit : en tant que réaction à un danger extérieur et en tant que processus interne, comme c'est le cas, par exemple, dans la mélancolie. Une fois de plus, l'occurrence névrotique nous aidera ainsi à comprendre les cas réels.

L'angoisse de mort qui accompagne la mélancolie ne se prête qu'à une seule explication : le *Moi* se sacrifie, parce qu'il se sent haï et persécuté, au lieu d'être aimé, par le *Sur-Moi.* C'est ainsi que, pour le *Moi,* vivre équivaut à être aimé par le *Sur-Moi* qui, ici encore, représente le *Ça.* Le *Sur-Moi* remplit la même fonction de protection et de salut que le père, la providence ou, plus tard, le sort. Mais la même attitude s'impose au *Moi,* lorsqu'il se trouve dans un danger réel particulièrement grave, auquel il ne croit pas pouvoir parer par ses propres moyens. Il se voit alors abandonné par toutes les puissances protectrices et se laisse mourir. Situation analogue à celle qui peut-être considérée comme la source du premier état d'angoisse qu'éprouve l'enfant à la suite de sa séparation nostalgique d'avec la mère, comme formant la raison profonde de la nostalgie angoissante de la période infantile.

Ces considérations sont de nature à nous faire

apparaître l'angoisse de mort, ainsi que l'angoisse provoquée par des scrupules de conscience, comme des produits d'élaboration de l'angoisse de castration. Et étant donné le rôle très important que le sentiment de culpabilité joue dans les névroses, il est permis de penser que, dans les cas graves, l'angoisse névrotique commune se trouve renforcée par l'angoisse ayant sa source dans la région qui s'étend entre le *Moi* et le *Sur-Moi* (angoisse de mort, angoisse provoquée par des scrupules de conscience, angoisse de castration).

Le Ça, auquel nous revenons après un long détour, ne dispose d'aucun moyen lui permettant de témoigner au Moi amour ou haine. Il est incapable de dire ce qu'il désire, de manifester une volonté cohérente et suivie. Il représente l'arène de la lutte qui met aux prises Eros et l'instinct de mort, et nous savons déjà quels sont les moyens dont, dans cette lutte, les instincts adverses se servent les uns à l'égard des autres. Nous pourrions décrire cette situation en disant que le *Ça* se trouve sous l'empire des instincts de mort, muets, mais puissants, qui demandent la paix pour eux-mêmes et voudraient, s'inspirant du principe du plaisir, imposer le calme au trouble-paix que représente Eros, mais nous craignons, en présentant les choses sous cet aspect, de sous-estimer le rôle de ce dernier.

Fin de l'essai.

---

1. On peut dire qu'à l'instar du mannequin anatomique, le *Moi* psychanalytique ou métapsychologique se tient la tête en bas.

2. Il n'est pas facile à l'analyste de lutter contre l'obstacle représenté par le sentiment de culpabilité inconscient. Nous n'avons aucun moyen direct de le combattre ; et quant aux moyens indirects, nous ne disposons que de celui qui consiste à mettre au jour, progressivement, ses raisons inconscientes refoulées et à le transformer ainsi peu à peu en un sentiment de culpabilité conscient. Ou a une chance particulière de réussir dans les cas où il s'agit d'un sentiment de culpabilité inconscient qui est emprunté, c'est-à-dire qui résulte d'une identification avec une autre personne qui fut jadis l'objet d'une fixation érotique. Le sentiment de culpabilité, ainsi emprunté, constitue souvent le seul reste, difficilement reconnaissable, des rapports amoureux abandonnés. L'analogie avec ce qui se passe dans la mélancolie est ici évidente. Lorsqu'on réussit à découvrir, sous le sentiment de culpabilité inconscient, cette ancienne fixation érotique, la tâche thérapeutique se trouve souvent résolue d'une façon brillante ; dans le cas contraire, le résultat des efforts thérapeutiques reste très incertain. Il dépend, en premier lieu, de l'intensité du sentiment de culpabilité, à laquelle la thérapeutique est souvent incapable d'opposer une force du même ordre de grandeur. Il dépend peut-être aussi de la personne de l'analyste, c'est à-dire du fait de savoir si cette personne est telle que le malade puisse la mettre à la place de son *Moi* idéal ; ce qui, dans l'affirmative, implique de la part du médecin la tentation d'assumer le rôle de prophète, de sauveur d'âmes. Or, comme les règles de l'analyse s'opposent rigoureusement à une pareille utilisation de la personnalité du médecin, nous devons avouer loyalement qu'il y a là un obstacle de plus à l'action de l'analyse dont le but consiste, non à rendre les réactions morbides impossibles, mais à donner au *Moi* la *liberté* de se décider dans un sens ou dans un autre.

3. Cette proposition n'est d'ailleurs paradoxale qu'en apparence; elle énonce seulement qu'aussi bien dans le bien que dans le mai l'homme peut beaucoup plus qu'il ne croit, autrement dit qu'il dépasse ce que son *Moi* sait à ce sujet grâce à ses perceptions conscientes.